나무 아파트

나무 아파트

1판 1쇄 발행   2012년 7월 20일

집필	서유리
기획	이봉순
편집	디박스
디자인	디박스
일러스트	장윤아
발행인	이연화
발행처	아주큰선물

주소	서울시 용산구 이촌동 한가람 Ⓐ 214-1002
대표전화	02-796-7411
대표팩스	02-796-7412
등록번호	106-09-23890

나무 아파트

나무 한 그루에 담겨 있는 초등 과학 정복하기!
나만의 색깔 있는 과학 탐구 보고서 쓰기!

서유리 저

아주큰선물

머리말

　언젠가 길가에 있는 가로수를 자르는 장면을 본 적이 있어요. 평소에는 대수롭지 않게 보고 넘기는 장면이었는데 그날따라

　'에고, 저 나무에 살던 애들은 어떻게 될까? 하루아침에 집을 잃었네……'

라는 생각이 들었지요. 그렇게 생각을 하자 꼬리에 꼬리를 물고 다양한 생각이 이어졌어요.

　'나무 한 그루에는 몇 가지 종류의 생물이 살고 있을까? 층층이 있는 나뭇가지에 인간이 헤아릴 수 없는 많은 생물들이 살고 있겠지? 그 생물들에게 나무는 소중한 집이겠지?'

　이런 생각 끝에 나무 한 그루에 살고 있을 여러 생물들에 대해 관찰하게 되었고, 더 자세히 알고 싶은 마음에 다양한 방법으로 조사를 하게 되었죠. 그러다 문득

　'어, 내가 학교 다닐 때 그렇게 싫어했던 생물에 대해 공부를 하고 있네. 아, 과학은 이런 것이구나. 주변에서 일어나는 일에 대해 호기심을

갖고 관찰하고 탐구해 보는 것. 이것이 과학이구나.'
라는 생각을 하게 되었지요.

　이렇게 과학은 멀리 있는 것이 아니라 우리 가까이에서 숨 쉬고 있
는 학문이랍니다. 과학을 어렵게만 생각하는 친구들이 많이 있죠? 저
도 그랬어요.

　'과학 같은 걸 왜 배워야 하지? 과학자가 될 것도 아닌데……'
라는 생각으로 과학을 멀리했었죠. 하지만 애벌레 양이 되어 글을 쓰면
서 과학은 그리 어렵지도 멀리 있지도 않은 친근한 학문이라는 생각이
들었죠. 세계적인 과학자들의 출발점은 모두 '왜?'라는 호기심이었대
요. 주변에서 일어나는 일에 대해 호기심을 가지고 '왜?'라는 의문으로
접근하는 것이 과학과 철학의 시작이지요. 이 책을 통해 멋진 과학자이
자 철학자가 되어 보길 기대할게요.

2012년 봄. 서유리

차례

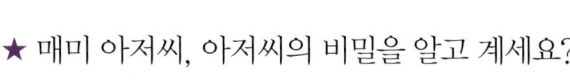

나무아파트에는 누가 살까요?

저는 제주도 서귀포시 감귤 단지 굴나무 아파트 305동 201호에 살아요. 그런데 우리 아파트는 보통 아파트와는 조금 달라요. 살아 있는 아파트랍니다. 우리 아파트 단지에는 수많은 굴나무 아파트가 있어서 누가 어디에 사는지 잘은 몰라요. 하지만 305동에 사는 이웃들은 잘 알지요. 그럼 지금부터 굴나무 아파트 305동 식구들 이야기를 들려 드릴게요.

 먼저 지하에는 왕풍뎅이 아줌마의 아기가 살고 있어요. 저와 같은 애벌레여서 아주 친하게 지내지요.

1층에는 매미 아저씨가 살고 있어요. 매미 아저씨는 얼마 전까지만 해도 지하에서 살았었는데 1층으로 이사를 왔어요. 뭐가 그리 서러운지 항상 울기만 하지요.

 제일 꼭대기 3층에는 꿀벌 식구들이 살아요. 성질이 조금 사나워서 항상 조심해야 한답니다. 그리고 2층에는 제가 살지요.

제가 누구냐고요? 일단 저희 엄마 소개부터 할게요. 저희 엄마는 이 아파트에서 최고 멋쟁이랍니다. 멋진 호랑 날개를 가지고 있는데 그 자태가 얼마나 환상적인지요. 그런데 저는 엄마와 많이 닮지 않았어요. 그래서 속상해요. 저는 아직 꼬물 꼬물 기어다니는 나비 애벌레랍니다.

동물의 한살이 I

관련교과 3·1

지하실 왕풍뎅이 아줌마네 이야기

모처럼 화창한 여름날이에요. 그동안 비가 너무 많이 와서 화창한 하늘을 볼 수 없어서 속상했는데……. 그래서 그런지 오늘따라 하늘이 더 아름다워 보이네요. 깨끗한 물에 맑은 하늘색 물감을 살짝 풀어 놓으면 저런 색이 나올까요? 아닐 거예요. 아무도 흉내 낼 수 없는 색이에요. 오직 하나님만 만들 수 있는 색이지요. 오늘은 하나님께서 유난히 기분이 좋으셨나봐요. 저렇게 예쁜 색을 만들어 놓으신 걸 보면 말이지요. 어떤 기분이시길래 저렇게 맑은 빛깔을 만드셨을까요? 하늘을 보며 한참을 감탄하고 있다가 문득 지하에 살고 있는 왕풍뎅이 아줌마네 아기들이 떠올랐어요.

'참, 이 아름다운 하늘을 보지 못하는 친구들이 있지.'

　　왕풍뎅이 아줌마네 아기들에게 이 아름다운 하늘에 대해 이야기 해
주고 싶다는 생각이 들었어요. 물론 제 말로 이 아름다움을 다 설명하
지는 못하겠지만 그래도 알려주고 싶었어요. 그래서 왕풍뎅이 아줌마
네 아기들에게 찾아갔지요.

　　"*굼벵이들아,(왕풍뎅이 아줌마네 애벌레를 '굼
벵이' 라고 부르더라고요~^^) 뭐하니?"

　　저는 지하에 가서 굼벵이들을 불렀어요.

　　"아, 애벌레 왔구나. 어서 와."

> * 굼벵이 : 매미, 풍뎅이, 하늘소
> 와 같은 딱정벌레들의 애벌레
> 를 굼벵이라고 해요. 참, 동작
> 이 굼뜨고 느린 사람을 비유할
> 때 쓰기도 하죠.

여느 때와 다름없이 굼벵이들은 저를 반갑게 맞아 줬어요.

"굼벵이들아, 오늘 하늘이 정말 아름다워."

"그래? 그동안 비가 왔었는데 오늘은 비가 안 오나봐? 습기가 안 느껴져."

"맞아, 비가 그치고 드디어 맑은 하늘이 얼굴을 드러냈어."

저는 굼벵이들에게 하늘이 얼마나 아름다운지에 대해 자세히 설명해 줬고, 굼벵이들은 계속 감탄을 하며 제 이야기를 들어 주었죠. 그리고 잠시 쉬고 있는데 굼벵이들이 조심스럽게 말을 꺼냈어요.

"저기……. 애벌레야, 우리가 하는 말 오해하지 말고 들어줘."

"응, 알았어. 굼벵이들아. 무슨 말인지 해봐. 다 들어줄게."

저는 아주 기분이 좋았기 때문에 어떤 말이든 들을 준비가 되어 있었어요. 그런데 굼벵이들은 뭐가 그리 어려운지

"언니가 말해."

"싫어. 왜 내가 해야 되는데? 오빠가 제일 어른이니까 오빠가 얘기하는 게 어때?"

"내가 말하면 더 이상하지. 그냥 막내가 얘기해."

라고 하면서 뜸을 들이지 뭐예요. 제가 보기에는 그냥 고만고만한 꼬마들인데 자기들 나름대로는 서열이 정해져 있나 봐요. 웃음이 나오려는 것을 꾹 참았어요. 한참을 망설이던 굼

벵이들은 결심을 했는지 조심스럽게 이야기했어요.

"저……. 애벌레야! 예전부터 말하려고 했는데 말할 기회를 놓쳤어."

막내 굼벵이의 말이었어요. 그러고도 한참을 망설이더니 드디어 첫째 굼벵이가 비장한 표정으로 입을 뗐어요.

"애벌레야, 앞으로는 우리를 언니, 오빠라 불렀으면 좋겠어."

첫째 굼벵이는 수도꼭지에서 물이 나오듯 그동안 외었던 말을 재빨리 내뱉은 후에 얼굴이 빨개졌어요. 하지만 그 말을 들은 저는 첫째 굼벵이보다 훨씬, 훨씬 더 얼굴이 빨개졌지요. 앞으로는 자기들에게 언니, 오빠라고 부르라니요. 말도 안 돼요. 저보다 훨씬 작은 애벌레이면서 언니, 오빠라 부르라니요. 저 꼬마 굼벵이들이 제 정신이 아닌 것 같아요. 아무래도 굼벵이들이 자기들은 못 보는 맑은 하늘을 저 혼자 본 것이 배가 아팠나 봐요. 그래도 그렇지 아무리 애벌레의 세계이지만 예의는 지켜야겠기에 꼬마 굼벵이들에게 충고를 했지요. 화가 많이 났지만 최대한 침착하게 타일렀어요.

"굼벵이들아, 우리가 아직 애벌레이긴 하지만 그래도 지킬 것은 지켜야지. 나보다 훨씬 작은 너희들에게 언니, 오빠라고 부를 수는 없어."

그런데 꼬마 굼벵이들 중에서도 가장 작은 굼벵이가

"우리는 알에서 깨어난 지 올해로 2년째야. 즉, 두 살이라는 거지. 그러니까 너보다 한참 선배잖아. 당연히 언니, 오빠라고 불러야지. 그동안 이야기해 주고 싶었는데 어떻게 얘기를 꺼내야 할지 몰라서 망설였어."

라고 말하지 않겠어요. 기가 막혀! 자기들이 올해로 두 살이라네요. 그렇게 따지면 저는 이제 알에서 깨어난 지 3일쯤 되었으니 저보다 한참 위인 셈이지요. 하지만 저는 굼벵이들의 말을 믿을 수 없었어요. 저보다 덩치도 훨씬 작은 저 꼬마들이 알에서 깨어난 지 2년이 됐다니. 믿을 수 없는 말이잖아요. 저 굼벵이들은 자기들 숫자가 훨씬 많으니까 저를 우습게 본 것이 틀림없어요.

"꼬마들! 뭔가 단단히 착각하고 있나본데 나는 그런 거짓말에 속을 멍청한 애벌레가 아니야. 그런 거짓말을 하고 싶다면 더 멍청한 애벌레

를 찾아보시지. 앞으로는 절대 너희들에게 땅 위의 세상 이야기를 해 주지 않을 거야."

"저, 애...애벌레야, 화...화...화내지 말고 우...우리 애...얘기 좀 드...들...들어봐."

굼벵이들은 당황했는지 더듬거리며 말을 했지요. 하지만 저는 더 이상 굼벵이들과 이야기하고 싶지 않았어요.

"싫어. 앞으로 너희들과 절대, 절대로 이야기하지 않을 거야!!!"

꼬마 굼벵이들에게 버럭 소리를 지르고 나오니 속상하고 화가 나서 굼벵이들 집에서 나와 나무 아저씨를 찾았지요.

"아저씨, 아저씨!!!"

"우리 애벌레 양이 왜 이렇게 급하게 나를 찾지?"

나무 아저씨의 다정한 목소리를 들으니 마음이 조금 진정이 되는 것 같았어요. 나무 아저씨는 참 신비한 힘을 가졌어요. 목소리만 들어도 마음이 편해지거든요. 제가 나무 아저씨 몸에 살고 있어서 그런가 봐요. 나무 아저씨라면 분명히 제 편이 되어주실 것이라 굳게 믿고 이야 기를 꺼냈지요.

"아저씨, 지하에 사는 굼벵이들 아시죠?"

"그럼, 알지. 고 귀여운 녀석들을 왜 모르겠니?"

얼마 전까지는 저도 굼벵이들이 귀엽다고 생각했지요. 하지만 위, 아래도 모르는 굼벵이들은 이제 하나도 귀엽지 않아요.

"귀엽긴 뭐가 귀여워요. 예의 없는 굼벵이들……. 글쎄 저보고 언니,

오빠라고 부르라는 거예요. 제가 동생이라나? 그게 말이 되나요? 나무 아저씨가 보기에도 제가 훨씬 크잖아요. 그런데 제가 동생이라니요!!!"

나무 아저씨는 제 이야기를 듣고 지그시 미소를 띱니다. 저를 비웃는 건가 봐요. 역시 괜히 이야기를 꺼냈어요. 어른들이 생각하기에는 똑같이 어린아이처럼 보이겠지만 우리 사이에서도 엄연히 위, 아래가 있는 법인데 굼벵이들은 그걸 어기려고 했어요. 이렇게 심각한 이야기를 듣고도 가만히 웃고 계시다니…… . 저는 나무 아저씨가 제 편을 들어 건방진 꼬마 굼벵이 녀석들을 혼내줄 줄 알았는데 역시 나무 아저씨도 어른은 어른인가 봐요. 그때 조용히 웃고 계시던 나무 아저씨가 입을 여셨어요.

"음…… . 아무래도 이번에는 우리 애벌레 양이 큰 실수를 하신 것 같은데?"

"네? 실수요? 제가 무슨 실수를 했다는 거예요? 아저씨, 그 굼벵이들이 훨씬 많으니까 굼벵이들 편을 들어 주시는 거예요? 정말 실망이에요."

저는 정말 실망스러워서 눈물이 날 지경이었어요. 그러자 나무 아저씨는 당황하셨는지 빠르게 말을 이었지요.

"아니야, 애벌레 양. 나는 언제나 우리 애벌레 양 편이지. 애벌레 양 잠깐 진정하고 내 말 좀 들어볼래?"

"네. 들을게요."

솔직히 별로 듣고 싶지는 않았지만 나무 아저씨의 간곡한 말에 꾹 참고 이야기를 듣겠다고 했지요.

"음……. 굼벵이들의 어머니, 왕풍뎅이 여사가 우리 아파트 지하실에 아이들을 맡긴 지 벌써 2년이 지났구나. 2년 전 봄에 왕풍뎅이 여사가 무거운 몸을 이끌고 우리 아파트 단지에 와서 다급한 목소리로 '나무 아파트 씨, 헥헥……. 우리 아이들이 헥헥……. 지낼 곳이 있을까요?'라고 말했지. 그 말을 하는 것도 힘들어 보였어. 조금도 망설일 시간이 없었지. 마침 지하에 방이 있어서 왕풍뎅이 여사에게 선뜻 방을 내어 주었어. 왕풍뎅이 여사는 내 뿌리가 있는 땅에다 알을 낳았지."

"그 알에서 나온 애벌레들이 지하에 사는 굼벵이들이라는 말은 아니겠지요?"

'혹시나' 하는 마음으로 나무 아저씨께 여쭤봤으나 대답은 '역시나' 였어요.

"왜 아니겠니? 그 알에서 나온 애벌레들이 바로 지하에 사는 굼벵이들이야."

"말도 안 돼요. 그런데 왜 아직까지 날개도 안 나오고 어린 애벌레 모습을 하고 있어요?"

정말 이해가 안 됐어요. 우리 엄마는 저에게 2주 정도만 참으면 엄마처럼 예쁜 나비가 된다고 하셨거든요. 그런데 2년째 애벌레 모습에서 벗어나지 못했다는 것이 이상하잖아요. 어리둥절해 하는 저에게 나무 아저씨가 계속 이야기해 주셨어요.

"어른이 되는 과정은 생물마다 다 다르단다."

"네? 다 똑같은 게 아니었어요?"

"하하하, 당연히 다 다르지. 생김새도 다 다르잖아. 아저씨도 애벌레도, 굼벵이도 다 다르게 생겼잖아. 그러니 크는 과정도 다 다르지."

왜 진작 그 생각을 못했을까요. 저는 모두 저와 같다고 생각했지 뭐예요. 참 바보 같은 생각이었어요. 나무 아저씨께서 계속 이야기를 해 주셨어요.

"굼벵이들은 어른이 되기까지 우리 애벌레 양보다 조금 더 오래 기다려야 하지. 알에서 어른이 되려면 2년이나 걸린단다. 알에서 깨어난 1년은 어린 애벌레로, 나머지 1년은 어른 애벌레로 꾹꾹 참으면서 땅속에 있다가 번데기가 되고 그 후 어른이 되는 거지. 왕풍뎅이 여사님처럼……."

"그럼 굼벵이들은 땅속에서 2년이나 있었다는 거예요?"

"그렇구나. 벌써 2년이 다 되어가는구나. 우리 굼벵이들이 곧 떠날 때가 되어가는구나."

나무 아저씨의 목소리에서 슬픔이 느껴져서 얼른 다른 이야기를 해야겠다고 생각했지만 궁금한 것이 있어서 그럴 수가 없었어요.

"아저씨, 그런데 번데기가 뭐예요? 그러고 보니 엄마도 '번데기'라는 얘기를 한 것 같은데……."

"아~ 굼벵이들 그리고 애벌레 양이 어른이 되려면 거쳐야 하는 과정이지. 번데기 과정을 거쳐서 어른이 되면 '*완전 변태', 번데기 과정을 거치지 않고 어른이 되면 '*불완전 변태'라고 한단다. 그런데 어른이 되기 위한 번데기 과정은 조금 힘든 과정이 될 수도 있어. 많은 인내심이 필요하거든. 견딜수 있겠지?"

"네~ 그럼요."

번데기, 변태? 뭐가 뭔지는 잘 모르겠지만 저는 굼벵이들보다 더 잘할 수 있다는 것을 보여드리고 싶어서 크게 대답했어요.

나무 아저씨와 신나게 이야기를 나누다 보니 배에서 '꼬르륵' 소리가 나겠지요. 저는 나무 아저씨의 잎사귀를, 왕풍뎅이 아줌마네 아기들은 아니 굼벵이 언니, 오빠들은 아파트 아저씨의 뿌리를 갉아먹기 시작했어요. 식사 시간은 항상 즐겁지만 나무 아저씨에게는 괴로운 일일 거예요. 아저씨는 저희가 갉아 먹을 때 많이 아픈지 움찔움찔하면서도 항상 꾹 참아 주신답니다.

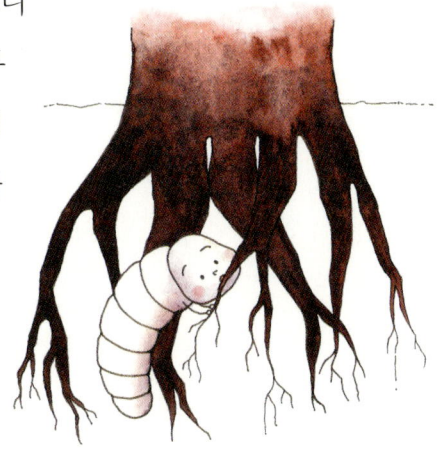

* 완전 변태 (완전 탈바꿈) : 곤충이 자라는 동안 알, 애벌레, 번데기의 세 단계를 거쳐 어른이 되는 현상이에요. 나비, 벌, 모기, 파리 등이 완전 변태를 하죠.

* 불완전 변태 (불완전 탈바꿈) : 곤충이 자라는 동안 알에서 시작해 번데기의 시기를 거치지 않고 어른이 되는 것을 말해요. 하루살이, 잠자리, 바퀴 따위에서 볼 수 있죠.

곤충의 *한살이 관찰일기

호랑나비

종류＼시기	호랑나비
알	호랑나비 두 마리가 짝짓기를 한 후 낳은 알이에요. 투명하고 영롱한 구슬 같죠? 호랑나비는 잎 하나에 알을 하나나 두 개 정도만 낳아요. 한 잎에 여러 개의 알을 낳으면 들키기 쉽기 때문이죠.
애벌레	**3일 주기로 *탈피** → 1령 애벌레로 마디가 있고, 중간 중간 갈색 빛이 나네요. 또 털이 있는 것이 특징이에요. **4일 주기로 탈피** → 2령 애벌레로 1령 애벌레가 허물을 벗은 모습이죠. 몸이 더 커졌죠? 1령 애벌레 때와 마찬가지로 마디가 있고 푸른빛을 띤답니다.

*한살이 : 곤충이 알, 애벌레, 번데기, 성충으로 바뀌면서 자라는 과정을 한살이라고 해요.

번데기	**2령 애벌레 마지막 탈피 5일 후 번데기가 됨** → 애벌레 때와 마찬가지로 마디가 있어요. 처음에는 푸른빛을 띠다가 시간이 갈수록 갈색으로 변한답니다.

성충	**번데기 이후 10일 후 *성충이 됨** → 번데기로 10일이 지난 후 드디어 예쁜 호랑나비가 되었어요. 어른 벌레 또는 성충이라고 하죠.

새롭게 알게 된 점 & 더 알고 싶은 점	애벌레는 다 똑같은 애벌레라고 생각했는데 시기에 따라 달라진다는 걸 알았어요. 나비 애벌레도 1령 애벌레에서 2령 애벌레로 여러 번 탈피를 한 후 번데기가 되는 것을 알게 되었죠. 또한 알에서 애벌레, 번데기, 성충이 되는 기간이 곤충마다 다르다는 것을 알게 되었어요. 저와 굼벵이 같이 '번데기'의 과정을 거치는 것을 '완전 변태', 번데기의 과정을 거치지 않는 것을 '불완전 변태'라고 한다고 들었어요. 그렇다면 '불완전 변태'를 하는 곤충은 무엇일지 궁금했어요. 다음에는 '불완전 변태' 곤충에 대해 알아보기로 했어요.
느낀 점	왕풍뎅이 아줌마의 아기들인 굼벵이는 저와 같은 애벌레가 아니라 1년 넘게 땅속에서 자란 어른 애벌레였어요. 겉모습은 저보다 작은 애벌레처럼 보이지만 겉모습이 중요한 것이 아니라는 것을 알았죠. 또한 곤충마다, 생물마다 한살이가 다 다르다는 것을 깨달았어요.

* 탈피 : 파충류, 곤충류 등이 자라면서 허물이나 껍질을 벗는 현상을 말해요.
* 성충 : 다 자란 어른 곤충을 성충이라고 해요.

식물의 구조와 기능

관련교과
5·1

안녕, 굼벵이들, 아니 굼벵이 언니, 오빠들⋯⋯.

밥을 다 먹고 나니 굼벵이들에게 화가 나서 소리를 버럭 지르며 인사도 안 하고 온 것이 생각났어요. 저는 성격 좋고, 착한 애벌레였는데 실수를 했지 뭐예요. 그동안 동생처럼 예뻐했던 굼벵이들에게 하루아침에 언니, 오빠라고 하는 것은 조금 어렵겠지만 그래도 제가 잘못했으니 먼저 가서 인사하는 것이 예의라고 생각했어요. 용기를 내서 굼벵이들을 찾아갔어요. 막상 먼저 인사를 하려니 마음에서 뭔가 쿡쿡 찌르는 듯한 나쁜 느낌이 들었지만 사과를 하지 않으면 더 마음이 아플 것 같아 용기를 내서 문을 두드렸지요.

'똑똑똑'

"저……. 안녕……. 아까는 내가……."

"애벌레야~ 어서와~."

이게 웬일이래요? 굼벵이들은 내가 사과하기도 전에 웃으면서 반겨 줬어요. 역시 2년 동안 땅 속에서 애벌레로 산 어른 애벌레들이어서 그런지 마음이 참 넓은 것 같아요. 이런 멋진 굼벵이들이라면 언니, 오빠 라고 불러도 될 것 같았죠.

"그동안 내가 잘 모르고 실수한 거니까 이해해 줘……."

막상 언니, 오빠라고 부르려니 입이 안 떨어졌어요. 한참을 망설이고 있는데 첫째 굼벵이가

"아니야, 그럴 수 있어. 우리가 너보다 더 작으니까 동생으로 보이는게 당연하지."

라고 말해주지 않겠어요?

"고마워 언니, 오빠들."

저를 이해해 주는 굼벵이들이 고마워 저도 모르게 '언니, 오빠' 라는 말이 툭 튀어 나왔어요.

우리는 서로를 쳐다보고 쑥스러운 듯 '씨익~' 웃었지요. 저는 굼벵이 언니, 오빠들에게 땅속에서 2년이나 지내면서 어떤 일이 있었는지, 얼마나 힘들었는지 이것저것 물어볼 것이 많았어요. 제가 이것저것 물어보자 굼벵이 언니, 오빠들은 하나씩 물어보라고 핀잔을 주긴 했지만 즐겁게 웃으며 이야기해 주었어요.

그렇게 한참을 이야기하고 있는데 갑자기 나무로 된 젓가락이 나타나 굼벵이 언니, 오빠들을 잡아갔어요.

"악~"

"으악~ 살려줘!"

"안 돼."

"애벌레야, 도망쳐!"

첫째 굼벵이 오빠가 저를 힘껏 밀었어요. 여기저기서 비명소리가 들렸어요. 저는 나무젓가락 사이를 이리저리 피했지요. 그런데 정신을 차릴 새가 없이 또 다른 나무젓가락이 와서 굼벵이 언니, 오빠들을 마구 잡아갔어요. 나무아파트 지하실은 아수라장이 되었지요. 드디어 무시무시한 끝날 것 같지 않았던 나무젓가락 공격이 끝났어요. 너무 무서워 한참동안 정신을 차릴 수 없었죠. 어느 정도 시간이 흘렀을까요?

간신히 정신을 차리고 나서 주위를 둘러보니 굼벵이 언니, 오빠들의 수가 많이 줄어 있었어요. 저에게 용기를 내서 언니, 오빠라고 불러달라고 했던, 저를 이해해 주며 너그러운 미소를 띠었던, 또 저를 나무젓가락 공격에서 구해준 첫째 오빠도 이제 보이지 않았지요. 살아남은 굼벵이 언니, 오빠들은 눈물을 흘리느라 정신이 없었어요. 저도 쉴 새 없이 눈물이 나왔어요. 내가 아는 누군가와 헤어진다는 것이 이렇게 슬픈 일인 줄 몰랐거든요. 마음에 구멍이 뻥 뚫린 것 같았지요. 하지만 그렇게 슬퍼할 수만은 없었어요. 어떻게 된 일인지, 잡혀간 굼벵이들을 구할 방법은 없는지 생각해야 했으니까요.

"언니, 오빠들 어떻게 된 일이야? 그냥 이렇게 울고만 있으면 어떻게 해? 저 무시무시한 나무젓가락이 언니, 오빠들을 어디로 데려갔는지 알 수 없어?"

"……."

제 물음에 언니, 오빠들은 아무 대답도 하지 못했어요. 저는 답답해서 소리를 질렀지요.

"빨리 잡혀간 언니, 오빠들을 구해야지. 이렇게 울고만 있을 거야?"

"……."

"언니, 오빠들!!! 어떻게 된 거냐고!!!"

아무리 소리를 질러도 언니, 오빠들은 눈물만 흘릴 뿐이었지요.

"좋아. 그렇게 바보 같이 울기만 해. 나 혼자라도 잡혀간 언니, 오빠들을 구하러 갈 거야!"

대책 없이 울기만 하는 굼벵이 언니, 오빠들이 한심하게 느껴졌어요. 그리고 첫째 굼벵이 오빠가 아무래도 나무젓가락 공격에서 저를 구하려고 밀치다가 잡혀간 것 같아서 가만히 있을 수 없었어요. 그 생각을 하니 또다시 눈물이 쏟아졌어요. 마음이 쿵쾅쿵쾅 요동을 치는 것 같았지요. 눈물이 그치지 않았어요. 그래도 가만히 울고만 있을 수는 없었지요. 저라도 잡혀간 언니, 오빠들을 구하러 나서야 했으니까요. 굼벵이들의 집에서 나오려는 순간 막내 굼벵이 언니가 울면서 저를 말렸어요.

"애벌레야, 아무리 찾아가 봐도 소용없어. 그리고 슬프지만 이것이 우리 모두가 살 길이야."

"우리 모두가 '살 길'이라고? 이게 어떻게 모두가 살 길이야? 잡혀간 언니, 오빠들은? 이제 보니 아주아주 형편없는 겁쟁이 굼벵이들이구나. 나는 그런 겁쟁이 애벌레가 아니야!"

자기 형제들을 구하려고 노력도 하지 않는 굼벵이들을 보니 너무 화가 나서, 또 저를 대신해 잡혀간 첫째 굼벵이 오빠에게 미안해서 저도 모르게 소리를 지르고 나왔어요. 아무래도 살아남은 굼벵이 언니, 오빠들이 너무 큰 충격을 받았나 봐요. 그래도 그렇지 어떻게 구하려는 아무 노력도 안 해 보고 포기할 수 있을까요? 저라도 나서서 방법을 찾아보는 수밖에 없어요. 화가 나서 나가려는데 막내 굼벵이 언니가 절 붙잡았어요.

"애벌레야. 너 '희생'이 무슨 뜻인 줄 아니?"

저는 정말 답답했어요. 이렇게 급박한 상황에 퀴즈를 내다니…….

"언니! 지금 퀴즈를 풀 상황이야?"

굼벵이들이 정말 제정신이 아닌가 봐요. 저라도 정신을 똑바로 차리고 있어야겠어요.

"잡혀간 우리 형제 굼벵이들은 흑흑… 우리를 위해 희생한 거야. 흑흑…… 너와 나, 그리고 나무 아파트 모두를 위해……. 우리 모두를 살리기 위해……."

"우리를 위해? 그게 무슨 뜻이야?"

"우리 굼벵이들은 배가 고프면 나무 아저씨의 뿌리를 먹어. 그거 알지?"

"응, 그게 어쨌다는 거야? 나도 아저씨 잎사귀를 먹잖아!"

"잎사귀와 뿌리는 달라. 나무 아저씨는 뿌리를 통해 얻는 것이 참 많아. 뿌리로 물도 마시고, 또 애벌레가 먹는 잎사귀가 잘 자라라고 흙속에서 영양분도 얻고……. 그런데 우리들이 뿌리를 너무 많이 갉아먹으면 어떻게 될까?"

"굼벵이 언니, 오빠들이 뿌리를 다 먹는다면 뿌리가 없어질 것이고, 뿌리가 없다면……. 아저씨가 물도 못 마시고, 영양분도 얻지 못하겠지."

"맞아, 아저씨의 뿌리를 너무 많이 갉아먹으면 아저씨가 살 수 없게 되지. 그러면 우리 아파트 식구들 모두 위험해지지 않겠어? 굼벵이들까지……. 아저씨 집에 사는 애벌레, 꿀벌 식구들, 매미 아저씨, 그리고 지하실에 사는 우리 굼벵이들까지 모두를 위해 굼벵이들을 잡아간 거야. 잡혀간 굼벵이들이 나무 아파트 식구들을 위해 희생을 한 거지."

우리를 위해……. '희생'이라는 단어의 뜻을 어렴풋이 알 것 같았어요. 그 '희생' 덕분에 제가 살게 되었다는 것도 알게 되었고요. 하지만 헤어짐은 여전히 슬퍼요. 그 헤어짐이 아무리 '희생' 때문이라 하더라도……. 저도 굼벵이 언니도 한동안 말을 잇지 못했어요. 결국 아무 말도 하지 못한 채 지하실에서 나올 수밖에 없었지요.

그날 밤, 저는 굼벵이 언니, 오빠들에게 형편없는 겁쟁이라고 한 것이 후회가 됐지요. 우리를 위해 희생을 한, 그리고 그것을 지켜볼 수밖에 없었던 용기 있고, 멋진 굼벵이 언니, 오빠들에게 형편없는 겁쟁이라고 했으니……. 제가 생각해도 정말 바보 같은 말이었어요. 사과를 하고 싶었지만 당장 찾아갈 용기가 나지 않았어요. 굼벵이 언니, 오빠들의 얼굴을 볼 용기가 나지 않았거든요. 한참을 고민하다가 아무래도 사과를 해야 할 것 같아서, 그리고 위로를 해야 할 것 같아서, 또 우리 아파트를 위해 희생을 해 주어서 고맙다는 인사를 해야 할 것 같아서 용기를 내서 지하로 찾아갔어요. 그런데 살아남은 굼벵이 언니, 오빠들은 이불로 몸을 꽁꽁 둘러싸고 있지 뭐예요. 아무래도 형제를 잃은 충격이 꽤 컸나 봐요. 큰 소리로 굼벵이 언니, 오빠들을 불렀지만 이불로 몸을 꽁꽁 둘러싼 채 나오지도 않고, 아무 말도 하지 않았지요. 깜짝 놀란 저는 또다시 나무 아저씨를 찾았어요.

"아저씨! 나무 아저씨!"

다급하게 부르는 제 목소리에 나무 아저씨는 느긋하게 대답을 하셨지요.

"애벌레 양이 오늘은 또 무슨 일로 이렇게 급하게 부르시나?"

"아저씨, 그렇게 한가하게 있을 때가 아니에요. 굼벵이 언니, 오빠들이 이상해요. 나무젓가락 공격이 너무 충격적이었나 봐요. 이불로 몸을 꽁꽁 싸매고 나오질 않아요."

"드디어 때가 됐군……."

나무 아저씨는 뭐가 그리 좋은지 혼자 중얼거리시면서 흐뭇한 미소까지 띠셨죠. 저는 답답해서 견딜 수가 없었어요.

"아저씨, 지금 제 얘기를 듣기는 하신 거예요? 굼벵이 언니, 오빠들이 이상하다고요! 이불 속에서 나오지도 않고, 말도 안 하고, 아무 것도 먹지 않아요! 이러다 큰 일 나겠어요!"

"애벌레야, 지난번에 내가 얘기한 '번데기' 라는 말 기억하니?"

"번데기요? 어디서 들어 본 말 같은데……. 번데기……. 번데기……. 번데기……. 번데기……. 번데기……. 아! 기억났어요. 번데기가 된 다음에 어른이 된다고 하셨어요."

"기억해 낼 줄 알았어. 그래 지금 굼벵이들은 그 과정을 겪고 있는 거야."

나무 아저씨 말로는 굼벵이 언니, 오빠들이 어른, 즉 왕풍뎅이가 되는 마지막 과정이라고 했어요. 저는 사과할 기회를 잃어버린 것 같아서 진작 찾아오지 못한 것이 너무 후회가 됐어요. 이제 굼벵이 언니, 오빠들이 슬픈 일 모두 잊고 이불을 박차고 나오기만을 기다려야 할 것 같아요.

식물의 구조!
실험 보고서

1석 3조! 식물의 뿌리

실험 동기	굼벵이들을 잡는 과수원 주인 아저씨를 보고, 힘들게 굼벵이를 잡는 이유가 궁금했어요. 나무의 뿌리를 갉아먹는 굼벵이를 그냥 두면 나무 전체가 위험해질 수 있다고 하더군요. 겉으로는 보이지 않는 뿌리! 하지만 식물을 지켜주는 보디가드 같다는 생각이 들었어요. 이 기회에 식물의 뿌리에 대해 더 알아봐야겠다는 생각이 들었죠.

실험의 과정과 실험

준비하기

① 잎의 수와 크기가 비슷한 봉숭아 두 포기를 준비합니다.

② 하나는 그대로 두고 하나는 뿌리를 자릅니다.

③ 물이 담긴 컵 2개를 준비합니다.

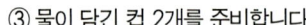

실험하기

① 준비해 둔 봉숭아를 각각 물이 든 컵에 꽂아둡니다.

② 봉숭아를 꽂아둔 컵을 햇빛이 잘 드는 곳에 둡니다.

③ 시간이 지남에 따라 두 봉숭아의 시드는 정도를 비교합니다.

실험의 결과	**뿌리가 있는 명아주**  ① 처음에는 약간 시드는 것 같았지만 뿌리가 물을 빨아들이면서 싱싱해졌습니다. ② 컵 속 물의 양이 많이 줄어들었습니다. **뿌리가 없는 명아주** ① 금방 시들어 봉숭아의 잎이 축 늘어졌습니다. ② 컵 속 물의 양은 거의 변화가 없었습니다.
실험을 통해 알게 된 점	**뿌리가 하는 일** 뿌리는 땅 속에 뻗어 식물이 쓰러지지 않게 고정하는 역할뿐만 아니라 물을 흡수하는 역할을 한다는 것을 알게 되었어요.
더 알고 싶은 점	① 식물의 뿌리는 잔뿌리와 줄기 부분으로 되어 있어요. 잔뿌리는 물의 흡수를 도와주고 줄기 부분은 물이 식물의 줄기로 이동할 수 있도록 도와준다고 하네요. 실험을 통해 잔뿌리와 줄기의 역할을 확실하게 알고 싶어요. ② 일부 식물들은 잎에서 만들어진 영양분을 뿌리에 저장한다고 해요. 그런 식물들은 영양분을 저장하는 뿌리 부분이 매우 크고 굵다고 하네요. 당근, 고구마, 무 등의 식물이 이에 속한다고 해요. 이런 뿌리 식물들에 대해 더 실험해 보고 싶다는 생각이 들었어요.

뿌리와 잎의 징검다리
식물의 줄기

실험 동기	식물의 뿌리에서 물이나 영양분을 흡수한다는 것을 알게 되었어요. 식물의 뿌리에서 흡수한 물이나 영양분은 과연 어떻게 식물 전체에 전해지는 걸까요? 식물의 줄기를 관찰해 물이나 영양분의 이동 경로를 알아보고 싶어요.

준비하기
① 샐러리와 돋보기, 컵과 붉은색, 파란색 색소를 준비합니다.
② 붉은색과 파란색 색소를 탄 물을 준비합니다.

실험의 과정과 실험

실험하기
① 준비한 샐러리 밑부분 20cm 정도를 반으로 나눕니다.
② 두 개로 나눈 줄기의 한쪽은 붉은색 색소를 탄 물에, 나머지 한쪽은 파란색 색소를 탄 물에 담가둡니다. 이때 중요한 포인트!!! 세 시간 이상을 담가 두어야 한다는 것!!! 잊지 마세요.
② 세 시간 이상 담가둔 샐러리를 꺼내 샐러리의 줄기를 자릅니다. 한 방향으로만 자르지 않고, 가로로도 자르고 세로로도 잘라 봤습니다.
③ 줄기의 단면을 준비한 돋보기로 관찰합니다.

실험의 결과	① 줄기의 한쪽은 붉은색, 한쪽은 파란색으로 물들었습니다. 줄기 전체가 아닌 일부분만 붉은색, 파란색으로 물들었습니다. ② 물이 이동한 통로가 하나가 아니라 여러 개였습니다. 
실험을 통해 알게 된 점	① 줄기 전체가 물들 것이라고 생각했는데 일부분, 즉 이동통로만 물이 들었습니다. ② 물의 이동 통로가 하나가 아니라 여러 개로 나뉘어 있었습니다. ③ 줄기를 통해 물과 *양분이 이동하는 것을 알게 되었습니다.
더 알고 싶은 점	실험을 통해 줄기의 껍질 안쪽의 물의 이동 통로에 대해서는 확실히 알았지만 줄기의 껍질 부분이 하는 일은 무엇인지 궁금해졌어요. 줄기의 겉을 감싸고 있는 껍질은 과연 어떤 역할을 하는지 더 자세히 알아보고 싶다는 생각이 들었어요.

*양분 : 생물이 자라는데 영양이 되는 성분을 양분이라고 한답니다.

엽록체의 집 – 식물의 잎

실험 동기	식물의 뿌리, 줄기가 하는 일에 대해 알아보고 난 후, '식물의 잎은 하는 일은 하나도 없나?' 라는 생각이 들었어요. 내가 맛있게 먹는 식물의 잎! 과연 어떤 역할을 할까요? 식물의 잎이 하는 일에 대해 알아봅시다.

실험의 과정과 실험

준비하기

① 실험 1 – 봉숭아 잎, 은박지, 알코올, 요오드 용액
② 실험 2 – 유리컵, 비닐봉지, 잎이 많은 봉숭아와 잎이 적은 봉숭아

실험하기 1

잎과 햇빛의 관계(광합성) : 광합성이란 식물의 잎이 햇빛과 이산화탄소를 이용해 양분(녹말)과 산소를 만드는 것입니다.

〈가설 세우기〉

식물의 잎은 광합성 작용으로 녹말을 만든다.

〈실험을 통해 가설 검증하기〉

① 봉숭아 잎의 일부분을 은박지로 가립니다.
② 하루가 지난 후 은박지를 벗깁니다.
③ 은박지로 일부분을 가렸던 잎을 알코올에 중탕합니다.
④ 중탕한 봉숭아 잎을 꺼내 물로 씻습니다.
⑤ 물로 씻은 봉숭아 잎을 요오드 용액이 담긴 접시에 넣습니다.

〈실험 결과 & 가설 입증〉

봉숭아 잎 중 햇빛을 받은 부분은 녹말과 만나면 색이 변하는 요오드 용액의 영향으로 청남색으로 변했습니다. 잎에서 녹말이 만들어졌기 때문입니다. 하지만 햇빛을 받지 못한 부분은 아무 변화가 없었습니다. 잎에서 녹말이 만들어지지 않았기 때문입니다. 실험을 통해 식물의 잎은 빛을 이용하여 녹말을 만드는 광합성 작용을 한다는 것을 알 수 있었습니다.

실험의 과정과 실험

〈가설 세우기〉

식물의 잎은 증산 작용을 합니다. 증산 작용이란 뿌리에서 흡수한 물의 일부가 잎을 통해 공기중으로 날아가는 현상을 말합니다.

〈실험을 통해 가설 검증하기〉

① 잎이 많은 봉숭아와 잎이 적은 봉숭아를 유리컵에 담가둡니다.

② 각각의 봉숭아에 비닐봉지를 덮습니다.

③ 햇빛이 잘 드는 곳에 둡니다.

④ 하루 동안 관찰을 합니다.

〈실험 결과 & 가설 입증〉

잎이 많은 것은 물방울이 많이 맺히고, 유리컵 속의 물이 많이 줄어들었습니다. 반면, 잎이 적은 것은 물방울이 적게 맺히고, 유리컵 속의 물이 적게 줄어들었습니다. 실험 결과 잎이 식물의 증산 작용과 관계 깊다는 것을 알았습니다. 잎의 수 외에도 빛, 바람도 증산 작용에 영향을 끼칩니다.

작은 생물의 세계 I

1층 매미 아저씨의 노래 솜씨

굼벵이 언니, 오빠들이 이불 속으로 들어간 뒤 무척 심심해졌어요. 무지무지 심심하던 어느 날 매미 아저씨의 울음소리가 들려왔지요. 굼벵이 언니, 오빠들이 없어서 심심하기도 하고 매미 아저씨가 왜 우는지 궁금하기도 해서 매미 아저씨의 집으로 찾아갔어요. 물론 울고 있는 매미 아저씨를 달래주고 싶기도 했고요. 매미 아저씨는 항상 큰 소리로 울어서 다가가기가 힘들었지만 오늘만은 용기를 내서 왜 울고 있는지 물어보고 싶었지요.

"똑똑똑."

노크를 하고 매미 아저씨가 대답해 주기를 기다

렸지만 매미 아저씨는 아무 대답도 않고 계속 울기만 했지요.

아무 대답 없이 울고만 있는 매미 아저씨의 반응에 '물어보지 말까?' 하는 생각이 들었지만 그래도 오늘 물어보지 않으면 기회가 없을 것 같아 다시 한 번 용기를 내서 매미 아저씨 댁의 문을 두드렸지요.

"똑똑똑."

문을 두드리고 매미 아저씨의 대답을 기다렸지만 여전히 묵묵부답이셨어요. 그래서 용기를 내서 문을 살짝 열고 매미 아저씨 댁으로 들어갔지요. 큰 소리로 울고 있는 매미 아저씨를 보자 갑자기 무서운 생각이 들었어요. 그래도 여기까지 왔는데 포기할 수 없었어요. 용기를 내서 매미 아저씨를 불렀지요.

"저……. 매미 아저씨."

매미 아저씨의 울음소리에 제 목소리가 저에게도 들리지 않지 뭐예요. 안 되겠다 싶어서 크게 숨을 한 번 쉬고 큰 소리로 다시 매미 아저씨를 불렀어요.

"매미 아저씨!!!"

드디어 제 소리를 들으셨는지 매미 아저씨가 우는 것을 멈추고 저를 쳐다보셨어요. 매미 아저씨와 눈이 마주치는 순간 너무 무서웠어요. 아무 말도 못하고 그 자리에 못 박힌 듯 서 있는 저를 보고 아저씨께서 먼저 말을 건네 주셨죠.

"너는 누구니? 여기는 어떻게 들어왔어?"

"저... 저는 나...나무 아파... 아파...아파..."

"뭐? 아프다고? 어디가 아픈데?"

"아... 아니요. 그... 그게 아니라... 나무 아파...트..."

"아이고 답답해라. 긴장하지 말고 천천히 말해봐."

제가 왜 그러는지 정말 모르겠어요. 매미 아저씨가 너무 무섭게 생겨서 평소 저 답지 않게 덜덜 떨면서 제 소개도 제대로 못했지 뭐예요. 다시 한 번 숨을 크게 쉬고 용기를 내서 제 소개를 했어요.

"저... 저는 나...나무 아파트 2층에 사는 나...나비 애벌레예요."

간신히 제 소개를 했지요.

"아~ 2층에 사는 이웃이구나. 반가워. 그런데 너 어떻게 여기에 들어왔니?"

'이웃'이라는 말에 왠지 매미 아저씨가 친근하게 느껴졌어요. 그래서 조금 편하게 이야기할 수 있었지요.

"아, 말없이 들어와서 죄송해요. 제가 노크를 했는데 대답이 없으셔서……. 혹시 화나셨나요?"

"아니, 조금 놀라긴 했지만 화가 난 건 아니야. 그런데 우리 집엔 어쩐 일로 왔니?"

"궁금한 것이 있어서요."

"궁금한 것? 그게 뭐지?"

당장이라도 왜 항상 울고 계신지 여쭤 보고 싶었지만 아저씨께서 어떻게 생각하실지 몰라서 망설여졌어요. 망설이고 있을 때 매미 아저씨

께서 다시 물으셨지요.

"궁금한 것이 뭐야? 뭐든지 물어봐도 돼. 난 기분이 아주 좋거든."

'기분이 좋다고? 그런데 왜 울고 계셨지?' 저는 더 이상 궁금해서 못 견딜 지경이 되었어요.

"매미 아저씨, 아저씨는 왜 항상 울고 계세요? 오늘도 기분이 좋으시다면서 계속 울고 계셨잖아요."

"뭐라고? 목소리가 왜 이렇게 작니? 답답해서 원~"

우와~ 매미 아저씨 목소리는 정말 쩌렁쩌렁, 아파트가 날아갈 정도로 컸어요. 그동안 이렇게 가까이에서 들을 기회가 없었는데 정말 무시무시할 정도로 컸지요. 저도 질 수 없어서 제가 낼 수 있는 한 최대한 큰 소리로 매미 아저씨께 다시 여쭤봤어요.

"아저씨는 왜 항상 울고 계시냐고요?"

"하하하. 울다니? 내가 우는 줄 알았니?"

저는 아저씨의 큰 목소리에 기가 죽어서 다시 기어들어가는 목소리로 대답했지요.

"네……."

"이런, 조금 섭섭한 걸……. 나는 운 게 아니라 나무 아파트 사람들을 위해서 노래를 부른 거야. 그리고 너도 알다시피 내가 땅 속에서 조금 오래 살았지 않니?"

아이고, 이런 매미 아저씨는 제가 세상에 태어난 지 5일 정도 밖에 안 되었다는 것을 모르시나 봐요. 제가 태어났을 때는 이미 매미 아저씨는 땅 속에서 나무 아파트 위로 이사 오신 뒤였는데……. 그 사실을 말해야 하나 말아야 하나 고민하고 있는데 매미 아저씨는 제가 말할 기회도 주지 않고 계속 이야기하셨어요.

"땅 속에서 7년을 살다가 땅 위로 올라오니까 기분이 정말 좋은 거 있지? 공기도 맑고, 경치도 좋고, 그래서 그 기분을 살려서 노래를 부른 건데 울고 있다고 생각하다니 조금 섭섭한 걸. 나는 내 목소리가 꽤 멋지다고 생각했거든. 내 노랫소리가 그렇게 듣기 괴롭니? 우는 것처럼 들릴 정도로?"

제가 또 실수를 했네요. 매미 아저씨의 노랫소리를 울음소리로 착각하다니……. 매미 아저씨께서 많이 실망한 얼굴이셨어요. 어떻게 말해야 할지 고민하다가 간신히 말을 꺼냈어요.

"매미 아저씨. 죄송해요. 노래 소리인지도 모르고. 아저씨의 노랫소리에 워낙 감정이 풍부하게 담겨 있어서 그렇게 들렸어요."

저도 모르게 술술 거짓말이 나왔어요. 아니, 거짓말은 아니에요. 일단 아저씨 기분을 좋게 해 드리기 위한 것이었고, 또 아저씨의 울음소리, 아니 노랫소리에 감정이 풍부하게 담겨 있었던 것은 사실이니까요. 제 말을 들은 아저씨는 활짝 웃으며 즐거워하셨어요.

"하하하, 내 노래에 감정이 풍부하게 담겼다니 고맙구나."

"매미 아저씨, 그런데 7년 동안이나 땅 속에 사셨다니 참 답답하셨겠어요?"

"그랬지. 그래서 땅 위에 있는 지금이 정말 행복하단다. 노래 한 곡 불러 줄까?"

솔직히 저는 매미 아저씨와 대화하는 동안 아저씨의 큰 목소리 때문에 귀가 너무 아팠지만 그래도 안 듣겠다고 하면 매미 아저씨가 속상하실 것 같아서 들려달라고 했지요. 그런데 정말 신기한 건 매미 아저씨의 노랫소리를 울음소리라고 생각했을 때는 너무 시끄럽고 슬프게 느껴졌는데 노랫소리라고 생각하고 들으니 세상에서 가장 아름다운 멜로디로 들리지 뭐예요? 정말 신기한 일이죠? 어떻게 생각하느냐에 따라서 같은 소리가 이렇게 달라질 수 있다니 아무래도 '생각'이란 녀석은 마법사 같아요. 그렇게 한참동안 매미 아저씨의 노래를 들으며 아름다운 자연을 감상하고 있었는데 매미 아저씨가 갑자기 노래를 멈추셨어요.

"아저씨, 왜 갑자기 노래를 멈추세요? 정말 아름다웠는데 조금만 더 불러 주시면 안 돼요?"

제 부탁에 매미 아저씨께서는 환하게 웃으시면서 말씀하셨어요.

"당연히 더 불러 주어야지. 노래 부르는 것은 내 기쁨인 걸. 그런데 노래를 너무 많이 불렀더니 배가 고파서……. 배를 좀 채운 다음에 불러줘도 되겠지?"

"그럼요."

매미 아저씨는 주둥이로 나무 아저씨를 콕 찌르더니 나무 아저씨의 즙을 맛있게 먹었지요. 나무 아저씨는 조금 아팠는지 살짝 움찔하셨지만 우리에게 멋진 노래 선물을 해 주신 매미 아저씨를 위해서 꾹 참아 주셨어요. 저는 식사하시는데 방해가 될 것 같아서 조용히 매미 아저씨 집에서 나왔지요.

우리 주변의 생물들은 어떻게 살아갈까?
관찰일기

곤충의 소리 내기

탐구 주제	곤충들의 소리는 곤충이 환경에 적응하며 살아가는데 어떤 역할을 하는 걸까?
탐구 동기	매미 아저씨가 매일 우는, 아니 노래하는 이유는 무엇일까요? 매미 아저씨의 노랫소리가 너무 시끄럽다고 싫어하는 사람들이 많다고 하죠? 하지만 매미 아저씨가 그렇게 큰 소리로 노래를 하는 데에는 다 이유가 있어요. 매미 아저씨뿐만 아니라 다른 곤충들도 다 저마다 소리를 내며 살아가죠. 곤충들의 소리에는 어떤 비밀이 있을까요?

탐구 결과

소리 내는 방법	소리 내는 목적
비행할 때 날개를 이용해 소리를 냄 (예) 일벌, 모기) 	곤충이 비행할 때 나는 날개 소리는 통신을 목적으로 이용되는 경우가 많아요. 날개를 이용한 소리는 비행할 때 발생되며, 날개 운동의 빈도 수와 일치한다고 해요. 

소리 내는 방법	소리 내는 목적
	이들은 주로 짝짓기를 할 때나 다른 수컷과 경쟁할 때 위협하기 위해 소리를 낸다고 해요.
몸의 단단한 부위끼리 *마찰시켜 소리를 냄 (예 딱정벌레, 메뚜기, 귀뚜라미)	 
얇은 막에 부착된 근육의 *수축 활동으로 막이 떨리며 소리를 냄(진동음) (예 수컷 매미, 노린재, 나방)	드디어 매미가 우는 이유에 대해 이야기할 차례네요. 우선 매미는 우는 것이 아니라 짝짓기를 위해 노래를 부르는 거예요. 이 노래를 듣고 암 컷이 수컷을 찾아오는 거지요. 매미는 2~3주밖에 살지 못하기 때문에 짝짓기를 할 기회가 많지 않아요. 그래서 수컷들은 암컷을 부르려고 서 로 경쟁을 하느라 목 놓아 노래를 부르지요. 한여름에 매미 소리가 요 란하게 들리더라도 조금만 참아 주세요.  

*마찰 : 두 물체가 서로 닿아 비벼지는 현상을 마찰이라고 한답니다.
*수축 활동 : 근육 따위가 오그라들어서 이루어지는 활동을 '수축 활동' 이라고 해요.

45

동물의 한살이 II
- 불완전 변태 -

관련교과 3·1

매미 아저씨의 비밀

저는 매미 아저씨와 친해진 것을 자랑하고 싶었어요. 그래서 집에 오자마자 나무 아저씨를 불렀지요.

"아저씨, 나무 아저씨."

"우리 애벌레 양이 오랜만에 기분이 좋은가 보구나. 이렇게 밝은 목소리로 이 아저씨를 불러주다니."

나무 아저씨의 말에 굼벵이 언니, 오빠들과 헤어진 뒤 항상 울적했었는데 매미 아저씨라는 새 친구를 만나 오랜만에 기분이 좋아졌다는 걸 깨달았어요.

"네, 오늘은 기분이 조금 좋아졌어요."

"그래? 우리 변덕쟁이 아가씨께 오늘 무슨 일이 있었는지 얘기를 들어볼까?"

"1층에 사는 매미 아저씨 아시죠?"

"그럼, 아주 어렸을 때부터 봤는 걸."

"매미 아저씨의 비밀에 대해서도 알고 계시나요?"

"아니, 모르는데 무슨 비밀이지?"

저는 나무 아저씨도 모르는 매미 아저씨의 비밀을 알고 있다는 생각에 기분이 좋았어요. 어른이 된 듯한 느낌이었죠. 하지만 곧 어렸을 때부터 매미 아저씨를 봐 온 나무 아저씨가 매미 아저씨의 비밀을 모를 리 없다는 생각이 들었어요. 나무 아저씨는 저를 위해 하얀 거짓말을 해 주신거지요. 제가 매미 아저씨의 기분을 좋게 해 드리기 위해 하얀 거짓말을 한 것처럼 말이죠. 솔직히 나무 아저씨가 알고 있다는 생각에 김이 새긴 했지만 저도 나무 아저씨를 위해 모르는 척하고 즐거운 듯 계속 얘기를 했어요.

"글쎄 매미 아저씨가 땅속에서 7년이나 사셨다지 뭐예요. 아저씨, 매미 아저씨가 정말 대단하지 않아요?"

"그래, 정말 참을성이 대단하시구나."

나무 아저씨는 마치 몰랐다는 듯이 깜짝 놀라는 연기를 하셨어요. 그 연기가 어색해서 저도 모르게 웃음이 나왔지요. 제가 눈치챘다는 것을 아셨는지 나무 아저씨는 저에게 또 다른 이야기를 해 주셨어요.

"애벌레 양이 매미 아저씨의 진짜 비밀은 모르는구나."

"네? 진짜 비밀이요?"

역시 나무 아저씨는 저보다 한 수 위셨어요. 저는 궁금해서 안달이
났지요.

"아저씨, 진짜 비밀이 뭐예요? 빨리 이야기해 주세요!!!"

"조금 슬픈 이야기인데 들을 수 있겠어?"

슬픈 얘기라……. 조금 망설여졌어요. 왜냐하면 굼벵이 언니, 오빠들과 이별하고 슬픔이라는 녀석이 이제야 조금 멀어진 듯한데 또 슬픔과 만나고 싶지 않았기 때문이죠. 하지만 궁금한 마음이 더 컸기 때문에 이야기를 듣기로 결심했지요.

"아저씨, 결심했어요. 슬픈 이야기는 싫지만 제 친구 매미 아저씨와 관련된 일이니 들어야겠어요. 이야기해 주세요."

"그런데 애벌레 양, 이 이야기를 들으면 큰 대가를 치러야 할지도 몰라. 그래도 들을래?"

"네, 어떤 대가도 치를게요. 걱정하지 말고 얘기해 주세요."

저는 이미 매미 아저씨의 비밀을 알고 싶어서 안달이 났기 때문에 어떤 대가도 치르겠다고 약속을 했죠.

나무 아저씨는 잠시 망설이는 듯 했지만 곧 결심한 듯 이야기를 시작했어요.

"애벌레야! 내가 나이가 많은 건 알고 있지?"

"네, 우리 아파트 식구들 중에서 제일 나이가 많으시죠."

"그래, 옛날 옛적부터 이곳에 뿌리를 내리고 살아서 우리 애벌레 양의 할아버지, 할머니, 할아버지의 또 할아버지, 또 할아버지까지 다 봤단다."

"정말요? 우리 할아버지의 할아버지, 또 할아버지까지 다 봤어요?"

"그럼, 애벌레의 할아버지, 또 할아버지, 또 할아버지도 이 아파트, 바로 내 몸에서 사셨는 걸."

정말 신기했어요. 얼굴도 모르는 할아버지, 할아버지의 할아버지, 또 할아버지도 저랑 같은 곳에 살았다니 왠지 아파트 아저씨가 더 친근하게 느껴졌어요. 아참, 그런데 매미 아저씨의 비밀에 대해 이야기하고 있었던 걸 깜박했네요.

"아저씨, 정말 신기해요. 우리 할아버지, 할머니들의 숨결이 느껴지는 것 같아요. 그런데 아저씨, 저에게 매미 아저씨의 비밀에 대해 이야기해 주시기로 한 거 잊으신 것은 아니죠?"

"하하하. 그럼, 바로 그 비밀 이야기를 하기 위해 필요한 얘기였는 걸. 애벌레의 할아버지뿐만 아니라 매미 아저씨의 할아버지, 할아버지의 할아버지도 이 아파트에 사셨단다."

"아, 그렇구나. 그럼 아저씨는 우리 아파트 가족의 수없이 많은 가족들을 봤겠네요?"

"그렇지. 그래서 매미 식구들의 비밀을 자연스럽게 알게 되었단다."

"매미 아저씨만의 비밀이 아니라 매미 아저씨 식구들의 비밀이라고요?"

"응, 자, 얘기 들을 준비됐지?"

"네, 아까아까 전부터 준비됐답니다."

"음……. 어디서부터 이야기를 시작할까? 옳지. 거기서부터 시작하면 되겠구나. 매미 아저씨의 아버지 이야기를 들려줄게.

매미 아저씨 이야기를 들려주시겠다고 하더니 엉뚱

하게 매미 아저씨의 아버지 이야기를 하겠다고 하시다니……. 조금 이상하다고 생각했지만 제가 이상하다고 하면 나무 아저씨께서 매미 아저씨의 비밀을 이야기해 주시지 않을 것 같아 꾹 참았어요.

"어느 따뜻한 봄날이었지. 매미 아저씨 아버지의 어머니, 즉 매미 아저씨의 할머니가 알을 배서 불룩한 배를 이끌고 나에게 찾아왔어. 그리고 나뭇가지 하나를 내어 줄 수 있겠냐고 조심스럽게 부탁을 했지. 하지만 나는 선뜻 나뭇가지를 내어 주지 못했어."

"왜요? 예전에 왕풍뎅이 아줌마가 부탁했을 때는 선뜻 내어 주셨다고 했잖아요? 아저씨! 차별하시는 거예요?"

"하하, 차별하는 건 아니야. 물론 우리 아파트 식구들이 나의 즐거움이지. 그러니까 아파트 식구가 느는 것은 당연히 즐거운 일이야."

"그런데 왜 망설이셨어요?"

"우리 아파트 식구들이 나에게 기쁨이긴 하지만 때로는 고통을 주기도 한단다. 굼벵이들이 뿌리를 먹을 때도, 우리 애벌레가 나뭇잎을 갉아먹을 때도, 또 매미 아저씨가 주둥이로 찔러서 나무즙을 먹을 때도 많은 고통을 참아야 하지."

나무 아저씨의 이야기를 들으니 아저씨께 너무 죄송했어요. 그동안 제가 누리던 것이 다 나무 아저씨의 고통이었다니……. 물론 제가 나뭇잎을 갉아먹을 때 나무 아저씨가 움찔움찔하시는 것을 느끼긴 했지만 나무 아저씨가 직접 고통스럽다고 말씀하신 적은 없었거든요.

"아저씨 죄송해요. 앞으로는 나뭇잎을 조금만 갉아먹도록 해 볼게요."

"하하하, 그럴 필요 없어. 아까도 이야기했지만 고통은 조금뿐이지만 항상 곁에 있어줘서 외롭지 않게 해 주고, 내게 기쁨을 주고 있으니까 그 정도는 참을 수 있거든."

"아저씨는 역시 마음이 넓으세요. 앞으로는 아저씨를 더 기쁘게 해 드리도록 노력할게요."

"고맙구나. 자, 그럼 이야기를 계속할까?"

"네."

"매미 아저씨의 할머니가 조심스럽게 부탁한 데는 더 큰 이유가 있어. 매미 아저씨 할머니의 알들을 품기 위해서 더 많은 희생이 필요했거든. 우리 애벌레 양, '희생'이라는 말의 뜻 알지?"

"네, 너무나 잘 알지요."

저는 나무젓가락 공격에 희생당한 굼벵이 언니, 오빠들을 생각하면서 힘없이 대답했어요.

"매미 아저씨 할머니는 내 나뭇가지에 상처를 내고 그 속에 알을 낳지. 그러면 알을 낳은 가지는 말라 죽는단다. 즉, 내 팔 한쪽을 내어 주어야 하는 거지."

"힉~ 그럼 알을 낳겠다는 매미 할머니의 부탁을 들어주기 힘들었겠네요?"

"조금 망설여졌어. 그래도 배가 불룩 나온 매미 할머니를 보는 순간 더 이상 망설이고 있을 수가 없었어. 결국 결심을 하고 내 나뭇가지 하나를 내어 주었지."

나무 아저씨의 말에 아무 말도 할 수 없었어요. 팔이 하나 잘리는 것 같은 아픔을 견뎌야 하는데도 새로운 생명을 위해 기꺼이 나무 아저씨의 팔과도 같은 나뭇가지 하나를 내어 주셨다니……. 지금까지도 나무 아저씨가 좋았지만 왠지 더 좋아질 것 같은 느낌이었죠.

"그렇게 알을 낳고 매미 할머니는 떠났고, 얼마 뒤 알에서 예쁜 애벌레들이 태어났단다. 그 예쁜 녀석들을 보고 있자니 나뭇가지 하나를 내어 준 것이 전혀 아깝지 않았지."

흐뭇하게 웃는 나무 아저씨의 모습을 보니 저도 기분이 좋아졌어요. 우리 아파트 식구들을 얼마나 사랑하시는지 느낄 수 있었거든요.

"알에서 깨어난 애벌레들은 곧 땅속으로 들어갔어. 땅속에서 내 뿌리에 붙어서 즙을 빨아먹으면서 살았지. 땅속에서 얼마나 살았는지 아니?"

"네, 7년이요."

저는 매미 아저씨에게 들은 이야기가 생각나서 자신 있게 대답했어요.

"그래 잘 아는구나. 아주 긴 시간을 땅속에서 보냈어. 우리 아파트에 사는 그 누구보다도 오랫동안 땅속에 있더구나."

"땅속에서 7년이나 계셨다니 매미 아저씨, 또 매미 아저씨의 아버지는 정말 대단하세요. 이렇게 맑고 예쁜 세상을 7년 동안이나 보지 못한다면 저는 참지 못했을 것 같아요."

"그래, 참 대단하지? 그렇게 땅속에서 참고 또 참으며 살던 매미 아저씨의 아버지는 7년만에 내 줄기를 타고 세상으로 나왔지. 나도 긴 터

널을 통과한 것 같이 기쁘고 좋았단다.”

“얘기만 들은 저도 왠지 땅속에서 세상으로 나온 것 같은 기분이 드는 걸요.”

“그렇지? 그러니 본인은 얼마나 좋았겠니? 매미 아저씨의 아버지는 줄기를 타고 올라온 뒤부터 즐겁게 노래를 부르기 시작했지. 그 노랫소리가 얼마나 듣기 좋았던지…… 어떤 사람들은 시끄럽다고 싫어했지만 내 귀에는 7년 동안이나 땅속에서 참고, 또 참으며 견뎌온 뒤 마침내 세상을 본 매미의 노랫소리가 그 어떤 음악보다도 값지게 느껴졌단다.”

“네, 저도 그랬어요. 매미 아저씨의 노랫소리가 처음에는 듣기 싫은 울음소리로 시끄럽게 느껴졌는데 매미 아저씨의 이야기를 듣고 보니 정말 아름다운 노랫소리처럼 들렸어요.”

“그렇지? 그런데 그렇게 아름다운 노랫소리가 어느 날부터 들리지 않는 거야. 노랫소리를 들은 지 한 7일쯤 뒤였지.”

“왜요? 아, 매미 아저씨의 아버지 목이 쉬었군요. 계속 노래를 불렀으니까요. 매미 아저씨에게도 오랫동안 노래를 부르고 싶으면 조심하라고 말해 주어야겠어요.”

급한 마음에 막 매미 아저씨에게 가려는데 나무 아저씨가 저를 붙잡지 뭐예요.

“애벌레야! 그게 아니야.”

"네? 그게 아니라니요? 뭐가요?"

"목이 쉰 것이 아니었다고. 매미 아저씨의 아버지는 7일쯤 열심히 노래를 부르고 그만 이 세상과 작별인사를 했단다."

"네? 너무 노래를 많이 불러서 그런 건가요? 7년 동안이나 땅속에서 기다렸는데 겨우 7일이라니요? 너무 불쌍해요."

그때 매미 아저씨의 노랫소리가 들려왔어요.

"아저씨, 매미 아저씨에게 가봐야겠어요. 매미 아저씨도 저렇게 목 놓아 노래 부르시다가 큰 일 나겠어요."

또 서둘러 매미 아저씨께 가려고 하는데 아저씨가 또 붙잡지 뭐예요.

"애벌레야, 잠깐! 그게 아니야. 매미 아저씨의 아버지가 그렇게 세상과 작별을 하고 나는 한동안 슬픔에 잠겨 있다가 기억을 더듬어 봤지. 매미 아저씨의 할아버지, 또 할아버지도 오랫동안 땅속에 있다가 세상에 나와서 목 놓아 노래를 불렀던 것이 생각이 났어. 그리고 노래를 부르다 얼마 안 돼 세상과 작별한 것도……."

"그게 무슨 말씀이세요? 그러면 매미 아저씨 식구들은 그렇게 오랫동안 땅속에서 살다가 세상에 나와 겨우 7일만에……. 아니에요. 아닐 거예요. 매미 아저씨 식구들이 너무 노래를 열심히 불러서 그런 것일 거예요. 빨리 매미 아저씨에게 이야기해 주어야겠어요."

"아니야, 그런 게 아니야. 애벌레야, 너는 '한살이' 라는 말 들어봤니?"

"'한살이'요? 그게 무슨 말인데요?"

　매미 아저씨의 노랫소리가 더 크게 들려왔어요. 저는 빨리 매미 아저씨에게 이제 좀 쉬어야 한다고 이야기해 주고 싶어서 안달이 났죠. 하지만 나무 아저씨는 저를 보내주지 않았어요.

　"모든 생물에게는 '한살이'가 있어. 알에서 애벌레, 그리고 번데기를 거쳐 어른 벌레가 되는 생물이 있는가 하면 알에서 애벌레, 그리고 바로 어른 벌레가 되는 생물도 있고, 아기, 어린이, 청소년, 어른, 노인이 되는 생물도 있어. 그 과정은 우리의 힘으로 바꿀 수 없지. 매미는 알에서 애벌레가 되어 땅속에서 7년을 살고 어른 벌레가 되어 땅 위에서 7일을 살다가 세상과 이별하게 되어 있단다. 그것이 매미의 '한살이'란다. 우리 힘으로 어쩔 수 없지."

　"그러면 매미 아저씨도 결국에는……."

　저는 말을 잇지 못했고, 나무 아저씨는 조용히 고개를 끄덕였지요. 매미 아저씨의 너무 큰 비밀을 알게 되었어요. 후회가 됐죠. 매미 아저씨의 노랫소리가 다시 구슬프게 들려왔거든요. 매미 아저씨의 비밀을 몰랐다면 매미 아저씨의 노래를 기분 좋게 들을 수 있었을 텐데 말이죠. 어떨 때는 모르는 것이 약이 될 수도 있다는 사실을 알았어요. 그런데 갑자기 궁금한 것이 생겼어요.

　"나무 아저씨, 그런데 매미 아저씨도 그 사실을 아시나요?"

"아니, 모르실 거야."

"그러면 매미 아저씨께 말씀드려야 하지 않을까요? 얼마 안 남은 시간이니 아저씨께서 하고 싶은 것을 마음껏 해 볼 수 있게 말이에요."

"그래, 사실은 그 이유 때문에 애벌레 양에게 매미 아저씨의 비밀에 대해 이야기했단다."

"네?"

"나는 그동안 그 사실을 모르는 것이 행복할 것이라고 생각해서 이야기를 하지 않았는데 얼마 전부터 매미 아저씨의 노랫소리를 듣다보니 그 비밀에 대해 이야기를 해 주어야 하지 않을까 하는 생각이 들었거든."

"정말 고민이네요."

"그렇지? 자, 이제 애벌레 양의 몫이야. 친구의 비밀을 알게 되었으니 말을 할지 하지 말아야 할지 잘 결정을 해 봐."

"네? 아저씨! 이러는 법이 어디 있어요. 이렇게 큰 고민을 안겨 주시면 어떻게 해요?"

"남의 비밀을 안 대가를 치러야 하지 않겠어?"

의미심장한 미소를 띠며 이야기하는 나무 아저씨가 갑자기 너무 얄미워 보이지 뭐예요. 그때 비밀을 알게 되면 어떤 대가도 치르겠다고 이야기했던 것이 떠올랐어요. 매미 아저씨의 비밀을 안 대가로 아주 큰 고민을 안게 되었어요. 저는 그날 밤, 잠이 오지 않았지요.

매미 아저씨, 아저씨의 비밀을 알고 계세요?

밤새도록 고민, 고민하다가 겨우겨우 잠이 들었어요. 그런데 아침부터 들려오는 매미 아저씨의 노랫소리에 잠이 깼죠. 매미 아저씨의 노랫소리를 듣는 순간 또다시 고민에 빠졌어요. 어떻게 해야 좋을지 몰라서 고민하다가 일단 매미 아저씨 댁에 가 보기로 했어요. 매미 아저씨를 보면 생각이 정리될 수 있을 것 같은 느낌이 들었기 때문이죠. 즐겁게 노래를 부르고 있는 매미 아저씨를 방해하고 싶지 않아서 조용히 매미 아저씨 댁의 문을 열었죠.

"랄랄라~ 울랄라~ 아아아~ 샤랄라~ 어! 애벌레 왔구나?"

"네, 아저씨 노랫소리가 들려서 왔어요. 더 가까이에서 듣고 싶어서요."

"그랬니? 오늘은 비가 올 것 같구나."

"그렇죠? 맑은 날씨를 기대했는데 조금 아쉬워요."

"왜? 비 오는 날은 비 오는 대로 멋이 있단다. 비가 오든 날이 맑든 세상은 정말 아름답지. 어두운 땅속에서 오랫동안 참다가 나와서 그런지 모든 것이 다 아름다워 보여. 랄랄라~ 샤랄라~"

말을 마치시고 매미 아저씨는 또다시 노래를 부르셨죠. 그때였어요. 어디선가 낯선 목소리가 들렸죠.

"정말, 시끄러워서 못살겠군!"

"저 매미를 오늘 잡아버리든지 해야지!!!"

잠깐, 이 목소리 어디선가 들었던 목소리에요. 맞아요! 굼벵이 언니,

오빠들을 잡아갔던 나무젓가락의 주인! 바로 그 사람들의 목소리였어요.

"그러게요. 밤낮없이 울어대니 시끄러워서 살 수가 없어요. 오늘은 꼭 잡아야겠어요."

그런데 지금 그 사람들이 무슨 얘기를 하는 거죠? 매미 아저씨를 잡아간다고요? 이를 어쩌죠? 빨리 매미 아저씨를 구해야겠다는 생각이 들었어요.

"아저씨! 매미 아저씨!!!"

매미 아저씨는 제가 부르는 소리도 못 듣고 열심히 노래를 부르고 있었어요.

"아저씨! 매미 아저씨!!! 아저씨!!!"

"어, 왜 그러니? 한참 즐겁게 노래 부르고 있었는데."

"우리 집에 가실래요? 우리 집은 아저씨네 집보다 더 높아서 이 세상이 더 잘 보여요."

"그러니? 그럼 더 넓은 세상을 볼 수 있겠구나."

"그럼요."

"그런데 내가 정말 너희 집에 가도 되겠니?"

"네, 그럼요. 그럼요. 빨리 저희 집에 가서 노래 아…아니 같이 아침 먹어요."

노래를 불러달라고 하려 했는데 참았어요. 매미 아저씨께서 노래를 부르면 그 사람들이 와서 잡아갈 것 같았기 때문이죠.

"그래, 안 그래도 배가 고팠는데 잘 됐구나."

저는 일단 매미 아저씨를 저희 집으로 모셔갔어요. 아무래도 매미 아저씨 댁은 1층이기 때문에 그 사람들에게 잡힐 확률이 높을 것 같았어요. 2층인 저희 집으로 가면 사람들의 손이 닿지 않기 때문에 매미 아저씨를 구할 수 있을 것 같았죠. 또 매미 아저씨가 노래 부르는 것을 잠시 막아야 했어요. 그래서 같이 아침을 먹자고 했죠. 매미 아저씨와 저는 저희 집으로 올라갔어요.

"아저씨, 들어오세요. 조금 지저분하죠?"

"아니~ 여기 오니까 정말 좋구나. 세상이 환하게 보여. 정말 좋은 곳에 사는구나. 이렇게 좋은 곳에 오니 노래 한 곡 부르고 싶구나. 라랄라~ 아아아~ 오예~"

이런, 제가 말릴 새도 없이 매미 아저씨는 노래를 부르기 시작했어요.

"아, 정말 시끄럽군. 시끄러워서 일을 못하겠어. 여보, 가서 매미 좀 잡아 주세요."

"그래, 귀가 아플 지경이야."

그 사람들의 말이었어요. 매미 아저씨를 말려야 했죠.

"아저씨, 매미 아저씨!!!"

저는 있는 힘을 다해서 매미 아저씨를 불렀어요.

"왜 그러니? 다른 노래 해 줄까?"

"아... 아니요. 아저씨 배고프시다고 했잖아요. 얼른 아침 먹어요."

저는 나무 아저씨의 나뭇잎을 갉아먹기 시작했어요. 그러나 전혀 맛을 느낄 수 없었어요. 그 사람, 나무젓가락 주인이 가까이 오고 있었거든요. 그런데 그때,

"그럼 애벌레 양이 즐겁게 식사할 수 있도록 내가 노래를 불러주지. 아랄라~"

라고 말하며 매미 아저씨가 노래를 시작하려고 하지 뭐예요.

"아... 아니에요!!!"

저도 모르게 소리를 질렀어요. 저는 제 목소리가 이렇게 큰 줄 처음 알았어요.

"아이고 깜짝이야. 너도 이렇게 큰 소리를 낼 수 있구나. 하하하."

"아저씨도 같이 드셔야 제 마음이 편할 것 같아요. 아저씨도 얼른 아침 드세요."

"그래? 그럼 그럴까?"

드디어 매미 아저씨는 노래 부르는 것을 그치고 뾰족한 주둥이를 나무 아저씨의 나뭇가지를 찔러서 나무즙을 먹기 시작했어요. 저는 그 사

람들을 살피느라 정신이 없었죠. 매미 아저씨를 잡겠다고 나선 그 사람은 저와 매미 아저씨가 살고 있는 아파트 가까이에 왔어요.

"매미가 어느 나무에서 울었지? 분명히 이 근처였던 것 같은데. 갑자기 조용해져서 찾을 수가 없네. 괜히 일하다 말고 여기까지 왔네. 헛수고했군."

매미 아저씨를 잡으러 왔던 사람은 아저씨 잡는 것을 포기하고 돌아갔어요. 저는 마음을 쓸어내렸죠. 그런데 식사를 끝낸 매미 아저씨가 또다시 노래를 부른다고 하시지 뭐예요.

"아저씨, 그러지 말고 저와 얘기하시면 안 될까요? 아저씨와 조용히 대화를 나누고 싶은데……."

"그래? 나는 노래 부르고 싶은데 노래 부르고 나서 이야기하면 안 될까?"

저는 매미 아저씨를 잡으려는 사람들 쪽을 봤어요. 아직도 그 자리에서 떠나지 않고 열심히 일을 하고 있었어요. 매미 아저씨가 노래를 부르면 잡힐 것이 뻔했죠.

"그러지 말고 아저씨, 저랑 이야기하고 난 뒤에 노래를 불러주시면 안 될까요? 아저씨의 땅속 생활 이야기를 듣고 싶어서 그래요."

"땅속 생활 이야기라……. 별로 해 줄 이야기가 없는데……. 그냥 너무 답답했던 기억밖에 안 나."

저는 어떻게 해서든 이야기를 이어가야겠다는 생각에 이것저것 질문을 하기 시작했어요. 다행히 매미 아저씨는 제 질문에 성실하게 답을 해 주셨어요. 땅속 생활이 얼마나 힘들었는지, 바깥 세상이 얼마나 보고 싶었는지 등 매미 아저씨의 이야기를 들으면서 아저씨를 잡으려는 사람들을 살폈죠. 그러면서도 계속 질문을 했어요.

"아저씨 땅속에서 어떻게 그렇게 오랫동안 잠을 잘 수 있었어요? 땅바닥이 딱딱해서 잠이 잘 오지 않았을 것 같아요."

"아하, 집을 만들어서 잤어."

"집을 만들었어요? 어떻게 어린 애벌레가 집을 만들 수 있어요?"

"말하기 조금 부끄러운데 이야기해도 될까?"

"그럼요."

저는 나무젓가락의 주인도 잊은 채 매미 아저씨의 이야기에 빠져들었죠.

"내가 이 이야기를 하면 애벌레 양이 더럽다고 나와 절교할 수도 있어."

"절교가 뭔데요?"

"아하, 내가 조금 어려운 말을 했구나. 친구 관계를 끊는다는 이야기지."

"하하, 그런 거라면 걱정하실 필요 없어요. 절대로 절교할 일은 없을 거예요."

"그래? 정말이지?"

"네, 그러니까 이야기해 주세요. 땅속에 어떻게 집을 지었어요?"

"그건 말이야, 내 오줌이 비결이야."

"네? 오줌이요?"

저는 너무 놀라서 입이 다물어지지 않았어요.

"오줌으로 어떻게 집을 지어요?"

"흙에 내 오줌을 발라 시멘트처럼 매끄럽게 집을 짓는 거지. 그러면 멋진 집이 완성된단다."

"와~ 정말 신기해요."

"더럽지 않아?"

"더럽긴요? 오줌으로 집을 지을 생각을 하시다니 아저씨는 정말 똑똑하신 것 같아요."

"하하, 그렇지. 나는 똑똑하고 노래도 잘하지. 자, 그럼 이제부터 노래를 해 볼까? 랄랄라~~~"

매미 아저씨가 노래를 시작했어요.

'아참, 나무젓가락 주인!!!'

저는 깜짝 놀라서 그 사람들이 일 하던 곳을 봤어요. 그 사람들은 일을 다 했는지 자신들이 살고 있는 집으로 들어갔어요. 휴우~ 정말 긴장되는 하루였어요. 다행히 매미 아저씨는 아무것도 모르는 눈치였어요. 즐겁게 노래를 하고 계셨거든요. 정말 힘든 하루였는데 덕분에 아침에 고민하던 일은 까맣게 잊을 수 있었어요. 그리고 매미 아저씨께 아저씨의 비밀을 말씀드리지 않기로 결심했어요. 제 결심이 틀릴 수도 있지만 매미 아저씨께서 이렇게 즐거워하시는데 끝까지 이런 즐거운 마음으로 사시는 것이 좋다는 생각이 들었거든요. 매미 아저씨를 잡으려고 하는 사람들의 존재를 몰랐을 때 저와 즐겁게 대화를 나누고 노래를 부를 수 있었잖아요. 만약 그 사람들의 존재를 알았다면 공포에 떨며 소중한 하루를 놓치셨을 거예요. 그래서 끝까지 매미 아저씨의 비밀을 지켜드리기로 했죠.

매미 아저씨와의 이별

그날 밤, 잠들기 전에 나무 아저씨가 조용히 저를 불렀어요.

"애벌레 양."

"네?"

이렇게 깊은 밤에 나무 아저씨께서 저를 부른 적이 없어서, 아니 나무 아저씨께서 저를 먼저 부른 적이 거의 없어서 정말 깜짝 놀랐어요.

"혹시 내가 잠자는 걸 깨운 건 아니지?"

"네, 아직 잠자기 전이었어요. 이제 막 자려고 했지요. 그런데 아저씨, 이렇게 깊은 밤에 저를 다 찾으시다니, 무슨 일 있으세요?"

"응, 애벌레 양이 결심을 했는지 궁금해서."

"네? 무슨 결심이요?"

"아니, 벌써 잊은 거야? 비밀의 대가?"

"아, 매미 아저씨의 비밀이요? 결심했어요."

"그래? 어떻게 하기로 결심했지?"

순간 '나무 아저씨를 좀더 궁금하게 만들까?' 하는 장난스런 생각

65

이 들었는데 나무 아저씨께서 매미 아저씨를 걱정하는 마음이 온몸으로 느껴져서 그럴 수 없었어요.

"말씀드리지 않기로 했어요."

"그래, 그렇게 결정했구나."

그렇게 말하는 아저씨의 목소리에 눈물이 느껴졌어요. 그래서 '내 결정이 잘못된 건가?' 하는 생각이 들었죠.

"아저씨, 제 결정이 잘못된 건가요?"

"아니, 아니야. 그렇지 않아."

"그런데 아저씨의 목소리에서 눈물이 느껴져요."

"어떤 결정이든 슬플 수밖에 없지. 이제 시간이 얼마 안 남았으니까."

시간이 얼마 안 남았다는 나무 아저씨의 말이 가시가 되어 제 마음을 꾹 찌르는 것 같았어요. 시간이 얼마 안 남았다는 말이 어떤 뜻인지 알기 때문에 아무 말도 할 수가 없었지요. 우리는 한동안 아무 말도 못했지요. 아마 나무 아저씨도 저와 똑같은 생각을 하고 있을 거예요. 저는 마음속으로 매미 아저씨와 이별을 준비하고 있었죠. 아무리 준비해도 막상 이별할 때가 되면 준비한 마음 따윈 전혀 도움이 되지 않을 테지만요. 나무 아저씨와 저는 그렇게 무거운 마음으로 잠을 청했어요.

오지 않는 잠을 억지로 청했는데 어느 샌가 잠이 들었나봐요. 눈을 떠보니 햇살이 눈부신 아침이었죠.

'참! 매미 아저씨!'

눈을 뜨자마자 매미 아저씨 생각이 났어요. 어제 밤에 시간이 얼마 남

지 않았다는 나무 아저씨의 말이 머릿속에서 떠나지 않았거든요. 그때

"라라라~~~"

매미 아저씨의 노랫소리가 들려왔어요. 휴우~ 가슴을 쓸었지요. 물론 머지않아 겪을 일이지만 그래도 조금 미루고 싶은 마음뿐이었죠. 씁쓸한 마음으로 매미 아저씨의 노랫소리를 듣고 있는데 갑자기 노랫소리가 멈췄어요. 걱정되는 마음에 번개 같이 빠른 속도로 매미 아저씨 댁에 찾아갔어요.

"아저씨! 매미 아저씨!!!"

"으응~ 애벌레 양 왔구나."

매미 아저씨는 다소 힘이 없어 보였어요.

"갑자기 아저씨의 노랫소리가 안 들려서 와봤어요."

"응~ 갑자기 노래 부르는 게 힘들어졌어. 이상해. 하루 종일 불러도 지치지 않았는데……."

매미 아저씨의 말을 듣는 순간 마음이 먹먹해졌어요. 정말 시간이 얼마 남지 않았다는 걸 실감할 수 있었거든요. 또 이제라도 '매미 아저씨의 비밀을 말씀드려야 하나?' 하는 생각도 들었지요.

"그동안 노래를 너무 많이 불렀나봐. 내일 하루만 쉬면 괜찮아지겠지. 내 노래가 듣고 싶어도 오늘만 참아줘 애벌레 양. 하하하."

매미 아저씨는 애써 웃음을 지어 주셨어요. 매미 아저씨의 미소를 보는 순간 역시 아저씨의 비밀은 나만 알고 있는 것이 좋겠다는 생각이 들었어요. 매미 아저씨가 이 세상과 이별하는 순간까지 환하게 웃으셨

으면 좋겠다고 생각했거
든요. 매미 아저씨와 조금
이라도 더 같이 있고
싶었지만 아저씨가 너무 힘
들어 하셔서 그럴 수가 없었
어요.

"아저씨, 그러면 쉬고 계세
요. 이따가 또 놀러올게요."

"그래, 조금 쉬면 괜찮아질 거야. 애벌레 양이 다시 오면 멋진 노래
불러 줄게."

"네, 꼭 다시 노래 불러 주세요."

저는 매미 아저씨를 돌아보고 또 돌아보면서 매미 아저씨의 집에서
나왔어요. 왠지 매미 아저씨를 더 많이 보고 싶은 생각이 들어서 그대
로 집을 나설 수가 없었거든요. 제가 돌아볼 때마다 매미 아저씨는 환
하게 웃어 주셨죠.

집에 도착해서도 마음이 편하지 않았어요. 나뭇잎 침대에 누워 매미
아저씨 생각을 하는데 어젯밤에 잠을 잘 못자서 그런지 어느새 잠이 들
었지요. 얼마나 잤을까요? 배가 고파서 눈을 떴어요. 눈을 뜨자마자 나
무 아저씨 잎사귀로 배를 채웠죠. 어느 정도 배를 채우고 나니 매미 아
저씨 생각이 났어요. 매미 아저씨의 노랫소리가 들리지 않았죠.

'아직도 쉬고 계신가?'

이런 생각으로 위로하며 혹시나 매미 아저씨의 노랫소리가 들리지 않을까 해서 귀를 기울였죠. 하지만 아무리 들으려 해도 매미 아저씨의 노랫소리는 들리지 않았어요. 당장 매미 아저씨께 가보고 싶었지만 두려움이 밀려왔어요.

　　'아직 쉬고 계실 거야.'

라는 생각을 하며 매미 아저씨께 가는 것을 미뤘지요. 하지만 언제까지 미룰 수는 없는 일이었기 때문에 용기를 내서 매미 아저씨 댁으로 발길을 돌렸지요. 매미 아저씨 댁 앞까지 왔는데도 매미 아저씨의 목소리가 들리지 않았어요.

　　'아직 쉬고 계실 거야.'

　　계속 같은 생각을 하며 매미 아저씨 댁 앞을 서성였어요. 한참을 서성이다가 조심스럽게 매미 아저씨 댁으로 들어갔어요.

　　"매미 아저씨..."

　　아무 소리도 들리지 않았지요. 다시 한 번 큰 소리로 불렀어요.

　　"매미 아저씨!!!"

　　하지만 매미 아저씨는 어디에도 보이지 않았어요.

　　"매미 아저씨!!! 매미 아저씨!!!"

　　아무리 불러도 매미 아저씨의 그 큰 목소리는 들리지 않았지요. 당장이라도 매미 아저씨가 '랄라라~' 하며 노래를 불러 주실 것 같은데 어디서도 매미 아저씨의 노랫소리는 들리지 않았어요.

　　"아저씨! 나무 아저씨! 제 목소리 들리죠?"

나무 아저씨도 아무런 대답이 없었지요. 저만 빼고 모두다 말을 하지 않기로 약속을 했나봐요. 무섭고 두려운 마음에 다시 나무 아저씨를 불렀어요.

"나무 아저씨!!! 제 목소리 안 들리세요?"

"……."

"아저씨, 매미 아저씨가 안 계세요. 아침에 분명히 피곤하다고 쉬고 싶다고 하셨는데 어딜 가신 걸까요? 혹시 보셨어요?"

"……."

"아저씨, 제발 대답 좀 해 주세요."

"애벌레 양."

나무 아저씨의 목소리에 눈물이 잔뜩 섞여 있었기 때문에 무슨 일이 일어난 것인지 짐작할 수 있었어요. 하지만 믿고 싶지 않았지요.

"아저씨, 왜 대답을 안 하셨어요. 제 말 들으셨죠? 매미 아저씨 잠시 외출하셨나봐요? 그냥 집에 있기에는 햇살이 너무 눈부시니까요. 그렇죠?"

저는 나무 아저씨께 제가 원하는 대답을 해 달라고 보채듯 이야기했죠. 하지만 나무 아저씨는 제가 듣고 싶은 대답 대신 다른 대답을 해 주셨죠.

"애벌레 양, 너무 놀라지 말고 밑을…… 내 뿌리 쪽을 봐 줄래?"

나무 아저씨의 말에 아저씨의 뿌리 쪽을 봤는데 눈물이 눈에 가득 차 있어서인지 잘 보이지 않았어요. 눈물이 한 방울 뚝 떨어지자 눈이 환해지면서 눈 안에 믿을 수 없는 광경이 들어왔지요. 매미 아저씨가 나무 아저씨의 뿌리 옆에 힘없이 툭 떨어져 있었어요. 그게 무슨 의미인지 너무 잘 알아요. 이제 더 이상 매미 아저씨의 땅속 생활 이야기를 들을 수 없다는 뜻이지요. 이제 더 이상 매미 아저씨의 노래를 들을 수 없다는 뜻이지요. 이제 더 이상 매미 아저씨를 볼 수 없다는 뜻이지요. 그래도 제대로 인사도 못 하고 매미 아저씨를 보내드릴 수 없었어요. 매미 아저씨가 계신 곳을 향해 있는 힘을 다해 기어갔죠. 그런데 그때 나무젓가락 주인이 와서 힘없이 누워 있는 매미 아저씨를 집었어요. 나무젓가락 주인은

"아이고, 그렇게 시끄럽게 울어대더니 죽었나 보네. 이제 좀 조용하게 살 수 있겠네."

라고 말하더니 매미 아저씨를 휙 던져버렸어요.

"안돼요!"

제가 큰 소리로 외쳤지만 나무젓가락 주인은 제 목소리를 듣지 못했는지 매미 아저씨를 휙 던져버리고 가버렸어요.

"매미 아저씨와 마지막 인사도 제대로 못 했는데……"

슬픔이 밀려와 제 기운을 몽땅 빼앗아 간 느낌이었어요. 몸에 힘이 풀려 더 이상 기어갈 수도 없었지요.

"안녕, 매미 아저씨…… 안녕……"

그냥 나무젓가락 주인이 매미 아저씨를 던진 쪽을 보며 하염없이 다 하지 못한 인사를 할 뿐이었지요.

곤충의 한살이 관찰일기

매미

시기 / 종류	매미
알	→ 매미는 짝짓기를 한 후 나무껍질에 알을 낳아요. 길이는 약 2mm 정도이고 꼭 쌀 같이 생겼지요. 한 번에 5~10개씩 약 40곳에 알을 낳는답니다. 이렇게 나뭇가지 속에서 약 1년 정도 있다가 부화한 매미 애벌레는 땅속으로 들어가요. 그런데 매미가 알을 낳은 가지는 말라 죽는다는 것은 동화를 통해 알았지요? 이렇게 우리 주변의 생물은 서로에게 도움도 주고, 피해도 주면서 살아간답니다.
애벌레	→ 알에서 태어난 매미 애벌레는 땅속에서 살지요. 이때 약 15회 정도 탈피를 하며 성장한다고 합니다. 애벌레는 땅 속에서 나무의 뿌리에 붙어 즙을 빨아먹고, 오줌으로 흙을 단단하고 부드럽게 만들어 약 3~7년 정도를 산다고 해요.

성충	→ 땅속에서 나무뿌리의 *수액을 먹으며 3~7년을 보낸 매미 애벌레는 7월 정도에 세상 밖으로 나오지요. 세상 밖으로 나온 매미 애벌레는 껍질을 벗고 성충으로 변한답니다. 이렇게 껍질을 벗은 매미는 2시간 정도 몸을 말리고, 본격적으로 매미로써의 생활을 시작해요. 이렇게 오랜 기간을 기다려 세상 밖으로 나온 매미는 7일에서 길게는 한 달 정도밖에 살지 못한다고 해요. 
새롭게 알게 된 점 & 더 알고 싶은 점	① 불완전 변태를 하는 곤충, 매미의 한살이에 대해 자세히 알게 되었어요. ② 매미가 큰 소리로 노래를 하는 이유에 대해 알게 되었어요. 짧은 기간 동안 짝짓기를 통해 번식을 하려는 매미의 마음을 알게 되었죠. ③ 매미 외에 불완전 변태를 하는 동물에 대해 알아보고 싶어요.
느낀 점	모든 행동에는 이유가 있다는 것을 깨달았어요. 여름철 시끄럽게 우는 매미들 때문에 짜증이 난 적도 많았는데 살아있는 동안 최선을 다해 종족을 유지하려는 매미의 노력이라는 것을 알게 되었죠. 곤충들의 작은 움직임, 소리도 소중하게 생각해야겠어요.

*수액 : 땅속에서 나무의 줄기를 통하여 잎으로 올라가는 액을 수액이라고 하죠.

작은 생물의 세계 II

관련교과 5·1

도망자, 일벌 313

　　매미 아저씨가 떠나고 난 뒤 허전한 마음을 달래기 힘들었어요. 금방이라도 매미 아저씨가 '애벌레 양, 내가 노래 불러 줄게'라고 하며 '딸라라~~~'하고 노래를 불러 주실 것 같았거든요. 아직도 귓가에서 매미 아저씨의 목소리가 들리는 것 같았어요. 그 노랫소리가 무척이나 그리웠지요. 참 신기하죠? 매미 아저씨를 잘 몰랐을 때는 그 소리가 시끄럽게만 느껴졌는데 매미 아저씨에 대해 잘 알게 된 뒤 매미 아저씨의 노랫소리는 그 어떤 음악소리보다 아름다워졌어요. 이렇게 그리워할 정도로 말이죠. 그 무신경한 나무젓가락 주인이 마음을 열고 매미 아저씨의 노랫소리에 좀더 귀를 기울였다면 매미 아저씨의 노랫소리를 그렇게 싫어하진 않았을 텐데……. 매미 아저씨를 그렇게 아무데나 던져

버리지 않았을 텐데……. 저는 나무젓가락 주인이 매미 아저씨를 아무렇게나 던져버린 그곳을 한참동안 쳐다봤어요. 아무리 봐도 매미 아저씨는 보이지 않았지요. 그때였어요.

"윙~"

갑자기 꿀벌 한 마리가 우리 집으로 휙 들어왔어요.

"무……무슨 일이에요?"

"쉿!"

"네?"

"조용히 하라고!!!"

참나~ 여긴 우리 집이고 남의 집에 갑자기 들어온 건 자기면서 저한테 화를 내지 않겠어요? 어이가 없었지만 꿀벌 식구들은 성질이 좀 사납다고 얘기를 들어서 함부로 대할 수가 없었어요. 특히 엉덩이 뒤에 있는 뾰족한 침 때문에 더욱 무서웠죠. 조용히 하라고 하니 조용히 하고 기다릴 수밖에 없었어요. 그때 꿀벌들이 두리번거리며 우리 집 앞을 지나갔어요. 누구를 찾는 듯한 모습이었죠. 궁금하고 답답해서 우리 집에 숨어 있는 꿀벌에게 조심조심 말을 건넸죠.

"저기요~"

"조용히 하라니까!!!"

깜짝이야! 저보고 조용히 하라고 하면서 본인은 더 시끄러운 걸 저 꿀벌은 알기나 하는지 모르겠어요. 아무튼 저는 말을 걸어 보려던 마음을 접었어요. 무섭기도 했지만 저렇게 예의 없는 꿀벌과는 별로 이야기하고 싶지 않았거든요.
화가 나서 토라져 있는
데 꿀벌이 말을 걸지 않
겠어요.

　"휴~우 살았다. 이
제 갔지?"

　치~ 저는 화가 나서 대답도 하지 않았어요.

　"어이, 꼬맹이!"

　'꼬! 맹! 이!' 꼬맹이라는 말에 저는 더 이상 참을 수가 없었어요.

　"지금 부른 그 꼬맹이가 나야?"

　"여기 너 말고 누가 있어?"

　"이봐! 난 꼬맹이가 아니야. 이래 뵈도 조금 있으면 멋진 날개를 가
진 호랑나비가 될 몸이라고! 그리고 여긴 우리 집이야! 남의 집에 이렇
게 멋대로 들어와도 되는 거야!!"

　"꼬맹이, 화내니까 무서운데! 하하하, 매일 2층에서 꼬물꼬물 기어
다니면서 얌전히 지내는 것 같더니 화도 낼 줄 알아?"

　저를 무시하는 듯한 말투에 점점 더 화가 났어요.

　"이만 우리 집에서 나가 줬으면 좋겠어!"

　"그렇게는 안 되겠는데!"

　"뭐라고? 여기가 누구 집인지 잊은 건 아니지? 여긴 우리 집이라
고!!! 꿀벌들이 사는 곳은 3층이잖아! 왜 꿀벌 식구들이 아파트 사람들

과 안 친한지 알겠다! 이렇게 자기 멋대로니까 친한 이웃이 하나도 없지!!"

저는 화가 나서 막 소리를 질렀어요. 제 말에 한참을 대답이 없던 그 꿀벌이 속삭이듯 말했어요.

"그게 아니야······."

"뭐라고? 좀 크게 좀 말해봐!"

"그게 아니라고!!!"

"뭐가 아니라는 거야?"

"자기 멋대로여서 친구가 없는 게 아니라고!!! 앙~"

꿀벌이 갑자기 울음을 터뜨렸어요. 제가 너무 심한 말을 했나요? 그런데 제 말이 틀린 말은 아니에요. 꿀벌 식구들하고 친하게 지내는 아파트 식구들은 없으니까요. 저도 여기저기 돌아다니기 선수지만 어쩐지 꿀벌 식구들이 사는 3층으로는 발길이 가지 않았어요. 엉덩이에 있는 뾰족한 침이 무섭기도 했지만 항상 어두운 얼굴로 바쁘게 움직이는 꿀벌 식구들에게 다가가기 힘들었지요. 아무튼 지금은 울고 있는 꿀벌을 달래야 했어요. 왜 우는지 이해가 되지 않았지만 그래도 제 말에 울음을 터뜨렸으니 책임감이 느껴졌지요.

"앙~~~ 앙~~~"

"저········ 저기······ 왜 울고 그래? 내 말이 심했다면 미안해. 그런데 너도 남의 집에 함부로 들어와서 자기 멋대로 군건 사실이잖아."

"앙~ 너도 그랬잖아! 1층에 살고 있는 매미 아저씨네 집에도 막 들어가고, 지하에 살고 있는 굼벵이들 집에도 막 들어가서 한참을 있다가 나왔잖아! 나도 그런 것뿐인데 뭐가 잘못되었다는 거야? 훌쩍."

정말 기가 막혔어요. 이 꿀벌은 제가 하는 행동을 다 지켜보고 있었나 봐요. 정말 이상한 꿀벌이에요. 아무튼 꿀벌에게 제 행동을 이해시켜야겠다는 생각이 들었어요. 이 꿀벌은 친구 사귀는 법을 모르는 것 같으니까요.

"꿀벌아! 잠깐만 그만 울고 내 말을 좀 들어봐."

"훌쩍, 얘기해. 듣고 있으니까!"

꿀벌의 태도가 정말 마음에 안 들었지만 또 화를 냈다간 아파트가 떠나가라 울 것 같아서 꾹 참고 이야기를 이어나갔어요.

"내가 1층 매미 아저씨 집에 가고 지하에 사는 굼벵이 언니, 오빠들 집에 놀러 갈 때 너처럼 아무 말도 없이 휙 들어간 게 아니야."

"뭐? 내가 보기엔 그냥 쑥 들어가는 것 같았는데?"

"그럴 리가…… 아! 혹시 내가 친구들 집에 놀러 가는 모습을 날고 있을 때 봤니?"

"응, 꿀을 따러 가면서 하늘을 날아다닐 때 봤어."

"그래서 잘못 들었나보다. 나는 친구들 집에 놀러갈 때 그냥 쑥 들어간 적 없어. 항상 들어가도 되는지 물어보고 허락을 받고 들어갔단다. 이웃의 집에 갈 때는 그 정도 예의는 지켜야지."

"그래? 이웃집에 놀러가 본 적이 한 번도 없어서 몰랐어. 내가 보기에 넌 그냥 쑥 들어가는 것처럼 보였거든."

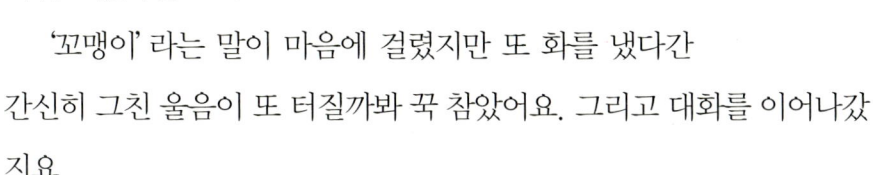

"그랬구나."

"그런데 그 모습이 참 부러웠어."

"뭐가?"

"꼬맹이 네가 친구들하고 노는 모습…… 즐

거워 보였거든……."

'꼬맹이'라는 말이 마음에 걸렸지만 또 화를 냈다간

간신히 그친 울음이 또 터질까봐 꾹 참았어요. 그리고 대화를 이어나갔

지요.

"그런데 꿀벌아, 내가 친구들하고 노는 모습이 부러웠으면 진작 놀

러오지 그랬어? 난 네가 아니 너희 식구들이 친구 사귀는 것을 좋아하

지 않는 줄 알았어."

"좋아하지 않는 게 아니라 그럴 시간이 없는 거야. 이웃집에 놀러갈

시간! 친구 사귈 시간! 그런 시간 따윈 우리에게는 없어!"

"왜?"

저는 진짜로 이해가 되지 않았어요. 저에게 가장 많은 것이 뭐냐고

묻는다면 그건 아마도 시간일 거예요. 빨리 엄마처럼 멋진 날개를 달고

훨훨 날아다니며 더 넓은 세상을 보고 싶은데 아직도 더 많은 시간을

기다려야 하거든요. 제 시간을 꿀벌한테 조금 주고 싶다는 생각도 들었

어요. 그리고 나면 제가 나비가 되기 위해 기다려야 하는 시간이 조금

줄 수 있지 않을까요? 아무튼 시간이 없다는 꿀벌의 말이 저에게는 부

럽게만 느껴졌어요. 속으로 꿀벌을 부러워하고 있는데 꿀벌이 화를 내

며 말했지요.

"왜냐고? 우리는 눈을 뜨자마자 이리저리 날아다니면서 꿀을 따야 되거든. 아침에 눈을 뜨자마자 꿀을 찾으러 돌아다녀야 해. 쉴 틈도 없어. 잠시도 쉴 수 없지. 알겠어? 꼬맹이! 내가 이웃들 집에 왜 놀러 갈 수 없는지?"

"응."

다 이해할 수는 없지만 알겠다고 해야 할 것 같아서 그냥 무작정 이해한다고 대답했지요.

"치~ 너 같은 꼬맹이가 어떻게 알겠어?"

꼬맹이라는 말이 저를 놀리는 말 같아서 기분이 나빠 더 이상 참을 수 없었지요. 하지만 꿀벌의 마음이 상하면 안 되니까 최대한 부드럽게 말했어요.

"그런데 난 꼬맹이가 아니야. 그리고 보니 내 소개를 안 했네. 난 호랑나비 애벌레야. 그냥 애벌레라고 불러도 돼."

"내가 보기엔 꼬맹이인데……. 어쨌든 알았어. 그렇게 부르라면 그렇게 부르지 뭐."

앤 정말 친구를 한 번도 사귀어 본 적이 없나 봐요. 제가 제 소개를 했으면 당연히 자기 소개도 해야 하는 거 아니에요? 기분이 나빴지만 아무것도 모르는 것 같아서 다시 친절하게 이야기해 주었어요.

"꿀벌아! 내가 내 소개를 했으면 너도 네 소개를 해야지."

"아, 내 소개? 난 꿀벌이야. 우리 집엔 나랑 똑같이 생긴 꿀벌들이 너무 많아서 집에서는 313번이라고 불러. 내가 313번째 알에서 태어났거든."

"히힉~~~~ 313번이라고!!! 도대체 한 번에 알을 얼마나 많이 낳았길래 313번이야?"

"내가 태어날 때는 1500개였는데 어쩔 때는 2000개도 낳아. 뭐 대단한 건 아니야. 매일 *로열젤리 받아먹으면서 알만 나는 일! 그까짓 거 나도 할 수 있어."

> * 로열젤리 : 여왕벌이 될 새끼를 기르기 위하여 꿀벌이 분비한 하얀 액체를 로열젤리라고 해요. 몸의 영양을 좋게 하는 자양분이 풍부하죠.

꿀벌의 목소리에서 분노가 느껴졌어요. 그래서 최대한 기분을 맞춰 줘야 할 것 같았지요.

"그럼, 당연히 너도 할 수 있을 거야."

저는 꿀벌 313번을 위로해 주었지요. 그런데 꿀벌 313번은 저에게 화를 내지 않겠어요!

"뭐? 너 나 놀리는 거야!!!"

"아…… 아니야. 내가 왜 너를 놀리겠어. 나는 그냥……."

저는 너무 당황했어요. 꿀벌 313번의 기분을 맞춰 주려고 했던 말인데 오히려 꿀벌 313번이 더 화가 났지 뭐예요.

"난 그럴 수 없어!"

"뭐가 그럴 수 없다는 거야?"

"난 알을 낳을 수 없다고!!!"

"왜?"

"왜라니! 난 일벌이야! 여왕벌이 아닌 일벌이라고!!!"

"그게 무슨 상관이야."

"그게 무슨 상관이냐니!!! 일벌 몰라? 일만 하는 벌이야. 계속 꿀을 따오고 벌집을 청소하고 로얄제리를 만들어 어린 *유충과 여왕벌에게 먹이는 일을 해야 하는 일벌이라고!!! 알을 낳는 여왕벌이 아니라고!!!"

*유충 : 곤충의 애벌레의 다른 말이에요.

계속 말을 했다가는 313번이 또 울음을 터뜨릴 것 같아서 그냥 말을 하지 않고 313번의 얘기를 들어줬어요.

"너무 억울해. 이런 법이 어디 있어. 난 일벌로 태어나고 싶다고 말한 적 없어. 그런데 왜 내가 선택하지도 않은 일을 하며 살아야 해. 나도 여왕벌처럼 우아하게 로얄제리를 먹으며 알을 낳고 싶어. 그리고 그 아이들이 자라는 모습을 보고 싶다고. 그런데 나는 그럴 운명이 아니래. 그럴 운명? 그럼 난 일만 할 운명이라는 거야? 앙~ 앙~ 앙~"

이런, 걱정하던 일이 터지고 말았어요. 꿀벌은 아파트가 떠나갈 듯이 울었지요. 저는 왠지 모르게 313번이 불쌍하게 느껴졌어요. 그래서 울고 있는 313의 어깨를 감싸안고 함께 눈물을 흘렸지요. 왜 그렇게 눈물이 났는지는 모르겠어요. 제가 일만 할 운명이라면 너무 슬플 것 같았어요. 이웃집에도 놀러가지 못하고 친구들도 만나지 못하고 일만 해야 한다면 얼마나 슬플까요? 그럼 굼벵이 언니, 오빠들도 매미 아저씨도 못 만났겠죠? 매미 아저씨를 생각하니까 더 슬퍼졌어요. 저도 모르게 313번보다 더 소리 높여 울었지요.

"앙~~~ 앙~~~ 앙~~~"

그때였어요. 꿀벌 두 마리가 저희 집 쪽으로 다가오지 않겠어요?

"쉿."

313번은 잽싸게 제 입을 막았어요. 저는 깜짝 놀라서 우는 걸 멈췄지요.

"내 말 잘 들어. 저 꿀벌들이 와서 도망간 일벌을 찾으면 못 봤다고 해."

"뭐라고?"

"그냥 벌 같은 건 못 봤다고 하라고! 알겠어?"

저도 모르게 고개를 끄덕였어요. 그래야 할 것 같았지요.

"그리고 여기 어디 숨을 데 없어?"

"뭐라고?"

"아! 진짜. 왜 자꾸 말을 두 번 시키는 거야? 숨을 곳 없냐고?"

"어? 숨을 곳? 글쎄…"

저는 너무 당황해서 언뜻 생각이 나지 않았어요. 그때 나무 아저씨가 나뭇잎을 살짝 들어 주셨죠.

"저 나뭇잎 아래로 가서 숨어."

"어, 그래 저기가 좋겠다."

313번은 번개보다도 빠르게 나뭇잎 밑으로 들어갔어요. 313번이 나뭇잎 밑에 숨자마자 무섭게 생긴 꿀벌 두 마리가 우리 집으로 왔어요.

"어이! 거기 꼬맹이!!!"

꿀벌들은 일하느라고 예절 같은 건 배우지 않은 게 분명해요. 저는 기분이 상했지만 숨어 있는 313번을 생각해 최대한 부드럽게 대답했어요.

"네? 저요?"

"그래, 너! 여기 너 말고 또 누가 있어?"

휴~ 정말 그 꿀벌들의 무례함에 화가 났지만 꾹 참고 대답을 했지요.

"저를 왜 부르셨어요? 뭐 하실 말씀이라도……." 아무렇지도 않은 척하며 이야기했지만 등 뒤에서 땀이 날 정도로 긴장되었답니다. 위협적인 모습을 한 꿀벌들에게 거짓말을, 그것도 들키지 않게 잘 해야 한다는 생각만 해도 가슴이 콩닥콩닥 뛰었거든요.

"너 혹시 꿀벌 한 마리 못 봤어?"

"네? 뭐요?"

"꿀벌 말이야 꿀벌! 우리랑 똑같이 생긴 벌! 못 봤냐고?"

"모…못 봤는데요."

저도 모르게 목소리가 떨렸어요. 떨리는 목소리를 눈치챘는지 꿀벌들은 의심이 가득한 목소리로 다시 물었어요.

"정말 못 봤어? 너 거짓말하면 안 된다!"

"우리 뒤에 있는 이 침 보이지? 이 뾰족한 침에 한 번 찔리면 어떻게 되는 줄 알아? 넌 날개도 못 달아보고 영원히 애벌레로 살다가 죽게 될 거야."

날개도 못 달아보고? 훨훨 날아다니면서 세상을 구경하는 게 제 꿈인데 못 할 수도 있다니……. '순간 솔직하게 말해야 하나?' 하는 생각이 들었지요. 하지만 제 품에서 엉엉 울던 313번을 생각하니 끝까지 숨겨 주어야겠다는 의무감이 생겼지요.

"정말이에요. 정말 못 봤어요. 그 침으로 찌른다고 해도 할 수 없어요. 전 본 적이 없으니까요."

어디서 그런 용기가 나왔는지 침으로 찔러도 어쩔 수 없다는 말까지 했지 뭐예요. 아무래도 거짓말 선수인가 봐요. 제 거짓말이 효과가 있었는지 이제야 제 말을 믿는 눈치였어요.

"23번, 이 녀석은 정말 모르는 것 같은데요."

"그래? 분명히 이쪽으로 갔는데. 아무튼 313번 녀석 찾기만 해봐라. 그 녀석 때문에 밀린 일이 얼마나 많은데! 다른 일벌들이 고생하고 있잖아!"

"그러게요. 찾게 되면 꿀을 두 배로 따오는 벌을 주어야겠어요."

"그걸로 돼? 벌집 대청소도 시켜야지!!! 너!"

갑자기 저를 쳐다봐서 깜짝 놀랐지만 아무렇지도 않은 척 대답했지요.

"네? 왜요?"

"우리랑 비슷하게 생긴 녀석 오면 꼭 3층으로 연락해 줘야 해!"

"네. 그럴게요. 안심하시고 가세요."

이제 거짓말이 술술 나왔어요. 꿀벌들은 제 거짓말에 완전히 속았지요. 제가 연락해 줄 거라는 확신을 갖자 꿀벌들은 우리 집에서 떠났어요.

"휴우~"

저는 다리에 힘이 풀려 버렸지요. 아참! 저는 313번이 숨어 있는 곳을 봤어요. 그런데 얼마나 감쪽같이 잘 숨었는지 저조차도 찾기 힘들었어요.

"나무 아저씨! 313번은 어디에 있어요?"

나무 아저씨는 313번이 숨어 있는 나뭇잎을 살짝 들어 주셨어요.

"허허허 이 녀석, 많이 피곤했나봐. 이런 상황에서 잠이 들어버리다니. 허허허."

313번은 나뭇잎 밑에서 쿨쿨 코까지 골며 잠이 들었지 뭐예요. 저는 왠지 억울한 생각이 들었어요. 나는 자기 때문에 등에 식은땀까지 흘리면서 생전 처음으로 거짓말도 했는데 정작 본인은 쿨쿨 자고 있다니……. 억울한 게 당연하지요?

"어이! 꿀벌 313!"

화가 나서 313번을 막 깨우려는데 나무 아저씨가 저를 말렸어요.

"애벌레 양! 깨우지 마!"

"왜요? 아저씨도 다 보셨잖아요. 제가 313번 때문에 얼마나 고생했는지. 그런데 얘는 이렇게 쿨쿨 자고 있잖아요."

"아니야, 313번도 많이 긴장했어. 얼마나 떨던지 이 작은 몸이 벌벌 떠는 게 온몸으로 느껴질 정도였다니까? 그렇게 긴장했으면서도 얼마나 피곤하면 이렇게 잠이 들겠어? 애벌레 양이 침을 맞아도 할 수 없다고 했을 때 마음을 놓은 것 같더라고. 애벌레 양을 믿은 거지. 하긴 그때 정말 멋있었어. 믿음직스러웠지."

"하하, 별 것도 아닌데요 뭘."

"별 게 아니라니. 자신을 희생해서 남을 지키려고 했는데."

"'희생'이요?"

"그래, 희생. 이제 애벌레 양도 많이 자란 것 같아. 남을 위해 희생할 줄도 알고. 어리게만 생각했는데 많이 자랐어. 기특해."

아저씨의 칭찬에 쑥스러웠지만 기분이 좋아졌어요. 그리고 '희생'이라는 말에 굼벵이 오빠가 생각났지요. 저를 위해 희생을 해 준 굼벵이 오빠……. 왠지 저도 이제 그만큼 자란 것 같다는 생각이 들었어요. 그리고 아무것도 모르고 쿨쿨 자고 있는 313번이 귀엽게 느껴졌어요. 또 그런 상황에서 잠이 들어버린 313번이 안쓰럽게 느껴지기도 했지요.

313번의 휴일

"아함~ 잘 잤다."

"잘 잤어? 313번?"

어제 꿀벌들 눈을 피해 숨었다 잠들었던 313번이 아침 늦게 눈을 떴어요.

"응, 오랜만에 푹 잤더니 기분이 좋다. 참! 나 찾으러 온 벌들은 어떻게 됐어?"

"일찍도 물어본다. 어제 내가 잘 둘러대서 보냈어. 네가 너무 곤히 자길래 안 깨웠어."

"꼬맹이, 대단한데. 아무것도 못하는 꼬마 애벌레인줄 알았더니 둘러댈 줄도 알고 대단해."

고맙다는 말도 안 하고 꼬맹이라고 부르는 313번의 태도에 기분이 조금 나빴어요.

"313번! 대단한 줄 알았으면 이제 꼬맹이라고 부르지 않는 게 어때? 그리고 감사 인사 정도는 해 줘야지."

"감사 인사? 그게 뭔데?"

"도와줘서 고맙다고 인사하는 거야. 내가 널 도와줬잖아."

"그래? 그런데 우리 꿀벌들 사이에서는 그런 말 해 본 적이 없어. 여왕벌도 매일 우리가 제공해 주는 로얄제리를 먹으면서도 한 번도 고맙다는 인사 따위 하지 않던데?"

꿀벌들은 조금 이상한 것 같아요. 고맙다는 인사도 미안하다는 인사도 할 줄 모르는 것 같아요. 313번에게 예절 교육을 좀 시켜줘야겠어요.

"남에게 도움을 받았을 때는 고맙다는 인사를 하는 게 좋아. 그래야 도와준 사람도 기분이 좋고, 또 도와주고 싶은 마음이 들지. 너도 여왕벌이 네가 준 로얄제리를 먹고도 고마워하지 않아서 기분 나빴잖아."

"맞아. 그런데 난 그게 고마운 일인지도 몰랐어. 그냥 내 일이라고 생각했거든.

"음…… 물론 네 일이긴 하지만 네가 일을 잘 안 하면 여왕벌은 맛있는 로얄제리를 먹을 수 없잖아. 그러니까 여왕벌은 너에게 고마워해야 하지 않을까?"

"그런 생각해 본 적은 없지만 여왕벌이 나에게 고마워했다면 일하는 것이 더 즐거웠을 것 같긴 하다."

"그렇지? 그러니까 죽을 각오를 하고 널 지켜준 나에게 감사 인사 정도는 해야지."

"죽을 각오? 어제 그 꿀벌들이 너를 죽이려고 했어?"

"응, 뒤에 있는 뾰족한 침으로 나를 찌르겠다고, 그러면 나비도 못되고 평생 애벌레로 살다가 죽을 수도 있다고 했어. 그런데도 난 널 지켜줬단 말이야."

"하하하. 뭐? 침으로 널 찌르겠다고 했어?"

"웃어? 웃음이 나오니?"

"당연하지. 그런 뻔한 거짓 협박을 하다니!"

"거짓 협박이라고?"

"응, 그 꿀벌들은 널 침으로 찌르지 못해! 절대!"

"왜? 그 침, 가짜니? 장식품이야?"

"아니, 진짜야. 그리고 잘못 찔리면 죽는 것도 사실이야."

"그런데 뭐가 거짓이라는 거야? 얘기만 들어도 무섭다. 그렇게 무서운 침으로 찌른다고 했는데도 내가 어떻게 널 숨겨줬는지 신기할 따름이야."

"침은 진짜지만 함부로 찌를 수 없어."

"그건 무슨 말이야?"

"침을 쏘면 우리 벌들의 내장기관도 함께 딸려 나오게 돼."

"내장기관도 함께 딸려 나온다고? 그럼 내장기관이 다시 생기는 거야?"

"아니."

"아니라고? 그럼 어떻게 살아?"

"살 수 없지……."

"그럼? 그 침을 쏘고 난 벌은 죽는다는 얘기야?"

"응, 그래서 함부로 쏠 수 없다는 거야. 그러니까 어제 온 꿀벌들은 널 쏠 수 없어. 널 쏘면 자기 자신도 죽게 될 테니까."

"아, 아주 무서운 침이구나. 그런데 자기 자신이 죽을 수도 있는데 침을 쏘는 벌들이 있어?"

"응, 위협을 받거나 동료를 누가 건드린다거나 하면 뒤에 있는 침으로 공격을 해. 내가 일하기 싫어서 도망나오긴 했지만 우리 꿀벌들은 동료들 간의 정은 *끈끈하단다*. 우리 동료들을 건드리는 걸 가만히 볼 순 없지. 동료를 괴롭히는 사람들이 있다면

죽을 각오가 되어 있어. 하지만 난 아직 용기가 없어서 침을 사용해 보지 않았어. 하긴 침을 사용했다면 너랑 얘기하고 있을 수도 없겠지."

"아하, 희생……."

"뭐라고?"

"아, 아니야. 그런 게 있어. 참, 313번, 그런데 너는 언제 집에 갈 생각이야?"

"집에? ……."

313번은 집이라는 말을 듣자마자 얼굴이 굳었어요. 이상해요. 저는 집을 생각하면 편하고 좋은데 꿀벌은 그렇지 않나 봐요. 하긴 그러니까 도망쳐 나왔겠죠? 한참을 말없이 망설이던 313번이 힘겹게 말을 꺼냈어요.

"저기……. 나 너희 집에 하루만 더 있다가 가면 안 될까?"

세상에 313번이 지금까지 한 말 중에서 가장 부드럽고 예의 바른 말이었어요. 그러니 제가 그 부탁을 안 들어 줄 수 없지 않겠어요?

"그……그래. 그런데 집에서 걱정하지 않을까? 걱정이 되니까 어제도 널 찾으러 왔잖아."

"걱정이라고? 내 걱정 따위는 하지 않아. 난 그냥 청소하고 꿀 따오고, 로얄제리나 만드는 수많은 일벌 중에 하나일 뿐이야. 걱정돼서 찾으러 온 게 아니라 일을 시키려고 찾아온 거야. 근데 난 좀 쉬고 싶어. 너처럼 여기 저기 친구들을 만나 이야기도 나누고 싶고, 하늘을 훨훨 날며 멋진 세상 구경도 하고 싶어."

"내가 봤을 때 너는 항상 훨훨 날고 있었어. 그래서 내가 얼마나 부러워했는데……."

"항상 하늘을 날아다니긴 했지. 하지만 세상을 구경할 틈은 없었어. 꿀을 구하러 가기에 바빴거든. 나 같은 일벌들이 꿀이 있는 곳을 발견하면 빙빙 돌면서 춤을 춰. 꿀이 가까이 있으면 빨리 돌고, 그렇지 않으면 천천히 돌지. 나는 그걸 보고 꿀이 있는 곳으로 가서 빨리 꿀을 따오고, 또 다른 벌들에게 꿀이 있는 곳을 알려주기 위한 춤을 춰야 해. 그런데 날아다니며 세상을 구경할 수 있었을까?"

"아니……."

313번이 너무 불쌍했어요. 이렇게 꿀을 구해 오고 나서는 벌집 꾸미기와 청소를 해야 해서 잠시도 쉴 틈이 없었다네요. 313번을 위해 뭔가해 주고 싶다는 생각이 들었어요. 그렇지! 313번은 일하느라 나무 아파트가 얼마나 멋진 곳인지, 나무 아파트에 사는 사람들이 누구인지도 모른다고 했어요. 313번과 나무 아파트 구경을 해야겠다는 생각이 들었어요. 나무 아파트 소개라면 누구보다도 잘 할 자신이 있거든요.

"313번! 우리 나무 아파트 구경할래?"

"나무 아파트 구경?"

"응, 너 친구도 사귀고 싶고 이야기도 나누고 싶다고 했잖아. 물론 지금은 이야기 나눌 수 있는 이웃이 나밖에 없지만 누가누가 살고 있었는지 내가 소개해 줄게."

"그래! 재미있겠다. 진짜 궁금했거든. 꿀 구하러 다니면서 이리저리 기어다니는 너를 가끔 보긴 했지만 다른 곳에 우리 벌 식구들 말고 누가 살고 있는지 정말 궁금했어."

"잘됐다 내가 소개해 줄게. 가자!"

저는 313번과 함께 먼저 지하로 내려갔어요. 굼벵이 언니 오빠들이 번데기가 된 이후로 저도 한 번도 안가 봐서 언니 오빠들이 어떻게 지내는지 궁금하기도 했거든요.

"여기가 나무 아파트 지하야."

"악~~~"

"왜 그래? 떠들면 안 돼!"

"악! 악! 저게 뭐야! 저 나뭇잎 돌돌 말아 놓은 것 같이 생긴 이상한 것들 말이야!"

"제발 조용히 좀 해. 굼벵이 언니 오빠들 놀라겠다."

"저게 굼벵이들이야? 쟤네들은 원래 입도, 눈도, 코도 없니? 말은 어떻게 해?"

"아니야, 원래는 나랑 비슷하게 생긴 애벌레였는데 어른이 되기 위한 과정을 겪고 있는 거야."

"어른이 되는 과정?"

"너도 저런 과정을 거쳐서 이렇게 날개가 있는 어른이 된 거야."

"정말?"

"응, 저 과정을 번데기라고 해."

"누구도 나에게 그런 얘길 해 준 적이 없어서 난 그냥 내가 애벌레에서 한 숨 자고 났더니 어른이 된 줄 알았어."

"하하하, 그 한숨 잔 기간이 번데기 기간이었을 것 같은데?"

"누구나 다 어른이 되려면 저 과정을 겪니? 너도?"

313번이 이것저것 물어보니까 제가 꼭 어른이 된 것 같아서 기분이 좋았어요.

"나도 번데기 과정을 겪어야 어른이 되는 것은 맞는데 모든 생물이 그렇지는 않아."

"모든 생물이 그렇지는 않다고?"

"응, 매미 아저씨는 애벌레로 7년을 살다가 어른이 되었다고 했거든."

"그렇구나. 너는 꼬맹이가 아는 것도 참 많다."

"또 꼬맹이야!"

"하하하, 꼬맹이가 화내니까 무서운데?"

"너 정말! 자꾸 꼬맹이라고 할 거야!"

"하하하, 농담이야 농담. 너 화내는 거 귀여워서 그래. 하하

하.”

꼬맹이라는 말에 기분이 나빴지만 귀엽다는 말에 마음이 조금 풀렸어요. 그리고 313번이 농담을 할 정도로 편해졌다니 저도 기분이 좋아졌어요.

“참, 애벌레! 매미 아저씨라고 했어? 혹시 아파트에서 항상 큰 소리로 울었던 그 아저씨 말하는 거야?”

“울었던 게 아니야. 매미 아저씨는 노래를 한 거라고!”

저도 처음에는 우는 걸로 생각했으면서 313번이 매미 아저씨의 노랫소리를 우는 소리로 착각하니 기분이 나빴어요.

“그래? 내가 듣기에는 그냥 울음소리였는데……. 혹시 그 아저씨도 볼 수 있어?”

매미 아저씨를 볼 수 있냐는 313번의 말에 눈물이 왈칵 쏟아졌어요.

“앙앙앙!!!”

“야…… 꼬맹… 아니 애벌레! 갑자기 왜 울어?”

“아앙앙~ 매미 아저씨는 이제 못 봐!”

“그것 때문에 우는 거야? 나 그 아저씨 안 봐도 돼. 그러니까 울지마.”

“그래서가 아니라 이제 매미 아저씨를 못 본다고 생각하니까 슬퍼서 그래.”

“그러면 보러 가면 되잖아.”

“보러 가도 매미 아저씨를 볼 수 없어. 훌쩍 훌쩍.”

"왜?"

저는 훌쩍훌쩍 울면서 그동안 매미 아저씨에게 있었던 일에 대해 이야기해 줬어요. 7년 동안 어두운 지하에서 꾹꾹 참았다는 아저씨의 얘기부터 지하에서 1층으로 이사와 신나게 노래를 불러 주셨던 이야기, 결국 이사 온 지 얼마 지나지 않아 세상을 떠난 이야기, 그리고 나무젓가락 주인이 아저씨를 쓰레기처럼 휙 던져 버린 이야기까지 모두 이야기해 주었지요. 물론 중간중간 눈물이 나와서 얘기하기가 쉽지 않아요. 하지만 313번은 끝까지 얘기를 잘 들어주었지요.

"가자!"

제 얘기를 다 들은 313번이 갑자기 저에게 가자고 말하지 않겠어요?

"응? 어딜 가자는 거야?"

"매미 아저씨 만나러!"

313번은 지금까지 제 얘기를 잘 안 들었나봐요. 그냥 졸고 있었나? 아무튼 다시 이야기해야 한다고 생각하니 기운이 쏙 빠졌어요.

"지금까지 내 얘기 안 들은 거야? 이제 매미 아저씨는 볼 수 없다니까!"

"나무젓가락 주인이 휙 던져버렸다며? 그래서 아저씨를 볼 수 없게 됐다며?"

"응, 제대로 들었는데 왜 딴소리야?"

"던져버린 곳에 가면 되잖아. 물론 아저씨는 이미 세상을 떠났겠지만 아저씨의 모습은 볼 수 있잖아."

"물론 그렇지. 아저씨의 노랫소리는 들을 수 없지만……."

"그러니까 가 보자고!"

"그런데 어떻게 거기까지 갈 수 있겠어? 내가 기어서 가면 한 달도 넘게 걸릴 걸. 그러면 나는 가는 중에 번데기가 돼 버릴 거야."

그때 313번이 뒤로 돌더니 날개를 흔들어 보이며

"내가 있잖아. 내 날개! 잊었어?"

라고 말하지 않겠어요.

"나는 날개가 없는데?"

"너는 아직 작은 애벌레니까 내가 등에 태우고 갈 수 있을 것 같아. 그렇게 먼 거리는 아니니까."

"진짜? 그럴 수 있겠어?"

"그럼 이래뵈도 내 비행 솜씨는 일벌들 중 최고라고 소문이 났는 걸."

"정말 잘 됐다. 안 그래도 매미 아저씨 보고 싶었는데. 정말 고마워. 널 만나서 정말 다행이다."

"고맙다고?"

"응 고맙지 그럼~ 정말정말 고마워. 313번."

313번은 제 말에 얼굴이 빨개졌어요.

"지금까지 고맙다는 인사는 받아본 적이 한 번도 없었어. 기분 참 좋다. 하하하."

"네가 기분 좋다고 하니까 나도 기분 좋아. 히힛."

우리는 서로 쳐다보고 환하게 웃었어요.

"자, 빨리 내 등에 타. 이러다가 오늘 하루가 다 가겠다."

"응, 조금 무거워도 참아줘."

"걱정하지 말라니까. 너 같은 꼬맹이는 10마리도 거뜬하게 등에 태울 수 있어."

"피~ 꼬맹이 아니래도!"

그렇게 말했지만 이제 '꼬맹이'라는 313번의 말이 그렇게 기분 나쁘지 않았어요. '꼬맹이'라는 말이 이젠 친근하게 느껴졌거든요. 저는 조심조심 313번의 등에 올라탔어요.

"꼬맹이! 꽉 잡아!"

"응, 꽉 잡았어."

"준비됐어?"

"응, 준비됐어. 아악~~~"

눈 깜짝할 사이에 하늘 높이 붕 떠올랐어요. 너무 무서워서 눈을 꼭 감았지요. 얼마나 지났을까요? 조금 안심이 돼서 눈을 살짝 떠 봤어요.

"와~"

눈앞에 펼쳐진 세상이 너무너무 아름다워서 탄성 밖에 안 나왔어요. 초록색 나무 아파트 숲, 그 위에 펼쳐진 파란 하늘, 그리고 흰 구름까지 한눈에 들어왔어요. 지금까지 제가 이렇게 아름다운 곳에서 살고 있었다니…… 나무 위에서 바라보던 것과 또 다른 아름다움이 느껴졌지요.

"313번!"

"왜?"

"정말 너무 멋지다. 하늘에서 내려다보는 세상 정말 아름다워."

"그렇지? 나도 오늘 처음 알았어. 세상이 이렇게 아름다운지……"

"응? 오늘 처음 알다니?"

"난 그동안 날아다닌 게 아니라 꿀을 따러다닌 거야."

"아, 그동안 꿀 따러 가는 일 때문에 세상 구경할 수가 없었겠구나."

"응, 꼬맹이! 그런데 세상이 정말 아름답구나."

우리는 기분 좋게 큰 소리로 웃었어요.

"매미 아저씨가 던져진 곳이 저쪽이라고 했지?"

"응, 맞아 바로 저기야! 저기에 매미 아저씨가 떨어졌어!"

"그래? 그럼 이제 내려갈 테니까 더 꽉 잡아야 돼!"

"알았어. 우악~~~"

313번은 하늘로 올라갈 때처럼 눈 깜짝할 사이에 땅으로 내려갔어요. 313번과 함께 세상을 훨훨 날아다니고 나니 빨리 어른이 돼서 직접 하늘을 날아보고 싶은 마음이 굴뚝같았지요.

"자, 도착했습니다. 아가씨~"

313번은 제가 내리기 편하게 한쪽 날개를 살짝 내려줬어요.

"네, 감사합니다. 호호호."

"여기쯤 맞지?"

"응, 분명히 여기쯤이었는데……."

313번과 같이 눈을 동그랗게 뜨고 이리저리 열심히 찾아봤어요. 그때였어요.

저 멀리 매미 아저씨의 모습이 보이는 것 같았어요. 물론 열심히 노래를 부르던 힘이 넘쳐보이던 아저씨의 모습은 아니었지만 분명히 매미 아저씨였어요.

"앗! 저기 있다!"

"어디? 내가 가 볼게. 내가 너보다 더 빠르니까."

"저기 저기, 저 나무 아래!"

"내가 먼저 가서 확인해 볼 테니까 빨리 따라와!"

"응, 매미 아저씨 몸 상한 데 없는지 잘 살펴봐줘."

313번은 휙~ 날아서 벌써 매미 아저씨에게 갔어요. 저도 있는 힘을 다해 매미 아저씨에게 기어갔어요. 지금까지 기어 본 것 중에서 가장 빨랐던 것 같아요. 있는 힘을 다해 매미 아저씨가 있는 곳으로 갔어요.

"헉헉, 313번 매미 아저씨 맞아?"

"맞는 것 같긴 한데 난 목소리만 들었지 자세히 본 적이 없어서. 꼬맹이 네가 와서 확인해 봐야겠는데?"

"헉헉, 알았어. 거의 다 왔어."

숨이 차서 기절할 것 같았지만 쉴 수 없었어요. 간신히 매미 아저씨가 있는 곳으로 갔지요.

"꼬맹이! 네가 찾는 매미 아저씨 맞아?"

313번이 가리키는 곳을 봤어요. 빼빼 마른 매미 아저씨가 힘없이 누워 있었어요. 매미 아저씨의 모습을 보자 눈물이 막 쏟아졌어요.

"흑흑흑, 맞아. 매미 아저씨야."

"울지마. 꼬맹이, 이렇게라도 봤잖아."

"응, 울지 말아야지. 울면 매미 아저씨도 속상해 하실 거야. 그런데 자꾸 눈물이 나. 흑흑흑."

울지 않으려고 했지만 한동안 눈물이 그치질 않았어요. 큰 소리로 힘차게 노래를 부르던 매미 아저씨의 모습이 눈앞에 어른거렸어요. 금방이라도 일어나서 노래를 불러 주실 것 같은데 아저씨는 꼼짝하지 않앉지요.

"아저씨, 매미 아저씨 엉엉엉."

한참을 목놓아 울고 있는데 313번이

"저…… 꼬맹이 울고만 있을 게 아니라 매미 아저씨를 안전한 곳으로 옮겨야 할 것 같아."

라고 말했어요. 눈물을 훔치며 313번을 바라봤어요.

"매미 아저씨 주위를 봐. 개미들이 오고 있잖아."

"응? 개미?"

"개미들은 작아 보여도 자기 몸의 100배를 들 수 있는 강한 곤충들이야. 예전에 침을 쏘고 힘없이 누워 있던 꿀벌 한 마리도 개미들이 들고 가 버렸어……."

313번의 말을 듣자 정신이 번쩍 들었어요. 개미들이 매미 아저씨를 들고 가게 둘 수 없었어요.

"지금까지 무사하신 게 신기할 정도야. 아무래도 매미 아저씨도 네가 보고 싶으셨나봐."

"응, 분명히 그러셨을 거야. 그럼 어디로 옮겨 드려야 할까?"

"영원히 안전한 곳은 없을 거야. 그래도 그대로 두면 매미 아저씨가 있었던 흔적도 없어지니까……. 참, 우리도 그런 걸 만들어 볼까?"

"뭐?"

"예전에 꿀을 따러 가다가 사람들이 무덤이라는 걸 만드는 걸 봤어. 그곳에 사랑하는 사람이 있다는 표시를 해 두는 건가봐."

"그래? 어떻게 만드는 거야?"

"땅을 파서 그곳에 묻어 두는 거지. 그리고 표시를 해 두면 돼. 그러면 네가 어른이 되어서 날아다닐 때 언제든지 매미 아저씨가 있는 곳을 확인할 수 있잖아."

"좋은 생각이다. 내가 얼른 땅을 팔게."

"나도 같이 해."

"아니야. 너는 오늘 쉬는 날이잖아. 모처럼 얻은 휴일인데 일하게 할 수는 없어."

"아니야. 왠지 일 같이 느껴지지가 않아. 너를 도울 수 있다면 나도 네가 말한 희생이라는 걸 해야지. 너도 그랬잖아."

"고마워. 313번."

"고맙다는 그 말 정말 듣기 좋다. 더 늦기 전에 얼른 땅을 파자."

"응."

313번과 함께 힘껏 땅을 팠어요. 힘들었지만 함께 하는 친구가 있어 하나도 힘들게 느껴지지 않았어요. 우리는 중간중간 서로를 바라보며 미소를 지었다니까요. 정말 하나도 힘들지 않았어요. 마침내 매미 아저씨가 들어갈 만한 크기로 땅을 팠어요.

"휴우~ 다 됐다."

"이제 매미 아저씨를 옮겨 볼까 꼬맹이?"

"응."

우리는 힘을 모아서 매미 아저씨를 우리가 판 구덩이로 옮기고, 흙을 덮었어요. 그리고 매미 아저씨가 있는 곳이라는 표시로 나무 막대기 하나를 꽂아 두었지요.

"313번."

"응."

"오늘 이 말 참 많이 하는 것 같은데 다른 말이 떠오르지 않는다."

"무슨 말?"

"정말 고마워."

"하하하. 이 정도 가지고 뭘."

"오늘 휴일인데 나 때문에 제대로 쉬지도 못했잖아."

"오늘 내 휴일, 꼬맹이 네가 만들어 준 거잖아. 그리고 정말 재미있었어. 아름다운 세상 구경도 하고, 친구도 만들고……."

"응, 나도 새 친구가 생겨서 정말 좋아."

"자, 이제 나무 아파트로 돌아가야지?"

"응. 매미 아저씨, 나중에 어른이 되면 찾아올게요."

저는 매미 아저씨와 인사를 하고 313번 등 위로 올라갔어요. 그리고 313번은 다시 한 번 힘차게 날아올랐어요. 매미 아저씨가 '라랄라~' 노래를 하며 '잘가요, 애벌레 양. 꿀벌 군. 정말 고마워요.' 하고 인사를 하는 것 같았어요.

어느새 어둑어둑해졌지요. 어두워진 세상은 밝은 세상과는 또 다른 느낌이었어요. 까만 밤하늘에 반  짝이는 별이 촘촘히 박혀 있었 지요. 그 속을 날고 있는 313번 과 제가 또 다른 별이 된 것 같은 느낌이었어요. 아름다운 밤하늘에 한 껏 취해 있는데 어느새 나무 아파트에 도 착했지 뭐예요.

"꼬맹이, 다 왔어."

"응, 313번 밤하늘 봤어?"

저는 신이 나서 물었지요.

"응, 봤어. 정말 아름답더라. 그 속에서 훨훨 날았다는 게 믿기지 않 아."

"그렇지? 정말 정말 신나. 나중에 나도 날개 생기면 같이 훨훨 날아보자."

"응……."

그렇게 대답하는 313번의 목소리에 눈물이 느껴졌어요.

"왜 그래? 313번! 나랑 같이 하늘을 나는 게 싫어?"

"아니, 아니야. 그럴 리가 있어?"

"그런데 왜 눈물이 느껴지지?"

"나……. 이제 돌아가면 다시 이렇게 너와 만나지 못할 수도 있어. 대화하기도 힘들어질 거고……. 나도 너랑 같이 훨훨 날아다니며 세상을 구경하고 싶은데 ……."

"그렇게 하자, 313번. 그냥 여기서 나랑 살면서 그렇게 지내자!"

"안 돼. 이제 난 돌아가야지. 나 때문에 우리 동료들이 내 일을 다 나누어서 하느라고 더 힘들어졌을 거야. 나 혼자 편하자고 그렇게 할 순 없어. 내가 아무리 이기적인 벌이라도 그럴 수는 없어. 그럴 수는 없어……."

그렇게 말하는 313번을 더 이상 말릴 수 없었어요.

"313번, 그럼 네가 꿀을 따러 갈 때, 우리 인사라도 하자. 그럴 수는 있지?"

"응, 그건 가능할 거야. 내가 너희 집 쪽을 바라볼게."

"응, 나도 꿀벌들이 날아갈 때 꼭 하늘을 바라볼게.

그런데 너희들은 너무 똑같이 생겨서 구분하지 못하면 어떻게 하지?"

"느낄 수 있을 거야. 우린 친구니까."

313번의 '친구' 라는 말이 제 가슴 속에 쏘옥 들어온 것 같았어요. 그래서 가슴이 꽉 찬 것 같은 느낌이 들었지요.

"그렇겠지? 그래도 혹시 모르니까 우리 표시를 해 두는 게 어때? 매미 아저씨가 계신 곳에 표시를 해 둔 것처럼!"

"그래? 그거 좋겠다. 어떻게 표시를 하지?"

"잠깐만 기다려봐."

저는 나무 아저씨의 잎사귀를 하나 뜯었어요. 그리고 동그랗게 말아 313번의 꼬리에 쏙 끼워 줬어요.

"이제 됐다. 이제 아무리 많은 벌들이 있어도 한눈에 널 알아볼 수 있을 거야."

"응, 정말 예쁘다. 앞으로 꼬맹이가 보이면 내가 꼬리를 살짝 흔들게."

313번은 제가 만들어 준 꼬리가 마음에 들었는지 환하게 웃으며 꼬리를 흔들었지요. 그 모습이 정말 사랑스러웠어요.

"313번, 오늘까지 우리 집에서 자고 갈 거지?"

"아니야, 이제 가야지……."

"왜? 오늘 하루만 더 자고 내일 일찍 가면 되잖아."

"그러면 더 가기 싫어질 것 같아. 이제 가 볼게. 꼬맹이, 내 생애 최고의 휴일이었어. 정말 고…고…고마워."

"응······."

313번이 저에게 고맙다고 했어요. 힘겹게 꺼낸 말이지만 진심이 느껴졌지요. 진심이 담긴 그 고맙다는 말에 저는 말을 잇지 못했어요. 생전 처음 해 보는 말을 어쩜 저렇게 달콤하게 하는지······. 눈물이 날 것 같았어요.

"어허, 우리 아예 헤어지는 것도 아닌데 왜 울고 그러나, 꼬맹이!"

"응, 안 울게. 313번, 내일 꿀 따러 갈 때 꼭 날 바라봐줘."

"당연하지. 그럼 내일 보자. 꼬맹이. 내 첫 번째 친구 꼬맹이······."

313번은 그 말을 남기고 휙 날아가 버렸어요. 그 순간 바람이 불면서 313번에게 걸어준 나뭇잎 고리가 뚝 떨어져 버렸어요. 하지만 괜찮아요. 내 친구 313번은 표시가 없어도 알아볼 수 있거든요. 느낄 수 있을 거예요. 내 친구라는 것을······.

다음 날,

매미 아저씨를 만나고 온 여행이 피곤했는지 쉽게 눈이 떠지지 않았어요. 그때였어요.

"윙~"

하는 소리가 들리지 않겠어요?

"꿀벌들이다!"

저는 깜짝 놀라서 눈을 떴어요. 그리고 나뭇가지 끝으로 가서 하늘을 쳐다봤지요. 그때였어요. 꿀벌 한 마리가 제 쪽을 바라보며 엉덩이를 살랑살랑 흔들지 뭐예요.

"313번!!!"

맞아요, 제 친구 313번이었어요. 우리는 서로 바라보며 활짝 웃었지요.

"어이! 313번 빨리 꿀 따러 가지 않고 뭐하나! 그동안 집을 나가서 고생을 시키더니 어디에 정신을 팔고 있어!!! 빨리 가!!!"
라는 소리와 함께 313번은 휙 날아가 버렸어요. 날아가면서도 엉덩이를 살랑살랑 흔들며 인사하는 것을 잊지 않았지요. 물론 이제 313번과 함께 날아다니며 세상 구경을 하지도, 대화를 나누지도 '꼬맹이!' 라는 소리도 듣지 못하겠지요. 하지만 괜찮아요. 이렇게라도 313번을 볼 수 있어서 다행이에요. 저는 나무 아저씨께서 다정하게 가지를 흔들어 주시며 위로해 주시는 것을 느꼈어요. 나무 아저씨의 따뜻함을 느끼며 313번이 날아간 곳을 한참동안 바라봤답니다.

우리 주변의 생물들은 어떻게 살아갈까? 2
탐구 보고서

꿀벌의 가족

탐구 주제		곤충 중에 가장 진화된 군집생활을 하는 꿀벌의 가족은 어떻게 구성되어 있을까? 꿀벌의 가족 구성원과 각각의 구성원이 하는 일에 대해 알아보자.
탐구 동기		꿀벌 313번은 하는 일이 너무 많아 힘들다며 꿀벌 무리에서 탈출을 시도했어요. 그리고 자신에 비해 편하게 지내고 있는 여왕벌에 대해 불평을 늘어놓았죠. 과연 꿀벌들의 세계는 어떻게 구성된 것일까요? 꿀벌들의 세계에 대해 자세히 알아보고 싶었어요.
탐구 결과	**구성원**	**하는 일**
	여왕벌	일벌보다 몸집이 크고 수벌보다 몸길이가 길어요. 벌의 무리 중 유일하게 암컷의 역할을 하죠. 벌 무리를 통솔하며, 알을 낳는 일을 한답니다. 일생 동안 100~150만 개의 알을 낳고, 4~5년을 살 수 있다고 해요.
	수벌	여왕벌과 *교미를 해 번식을 돕는 무리가 바로 '수벌'이에요. 그런데 교미를 해 *번식을 돕는 일 외에 특별히 하는 일이 없지요. 수명은 3개월 정도이며 출생 후에는 일벌들이 모아오는 양식을 먹고 살아가요. 하지만 가을이 되면 일벌들에 의해 쫓겨난다고 하네요.
	일벌	일벌은 먼저 새끼들에게 식량을 공급하고 새끼들을 키우는 일을 해요. 그리고 밀랍을 분비해 벌집을 짓는 등 집 안에서 일을 하지요. 태어난 지 15일 정도가 지나면 드디어 밖으로 나가 비행을 시작하지요. 꽃을 찾아 먹이를 구해오고, 침입자를 막기도 해요. 일벌에게는 침이 있고, 수벌에게는 침이 없기 때문에 침입자를 막는 역할도 일벌의 몫이죠. 그런데 이 침을 한 번 사용하면 일벌의 장기도 함께 나와 죽게 된답니다. 알을 낳는 일과 교미하는 일 외에 벌의 가족에서 일어나는 거의 모든 일은 일벌이 주도하고 있지요.

*교미 : 동물, 곤충 등의 암컷, 수컷이 짝을 이루거나 짝짓기를 하는 일을 말해요.

*번식 : 생물이 늘어서 많이 퍼지는 현상을 '번식'이라고 해요.

작은 생물의 세계 III

관련교과
5·1

배고픈 애벌레

요즘은 하루하루가 너무 따분해요. 313번이 꿀을 따러 갈 때 인사하는 시간 빼고는 늘 혼자 지내거든요. 물론 매미 아저씨 있는 곳도 있고, 지하에 굼벵이 언니, 오빠들 번데기도 있지만 날개 없이는 매미 아저씨 있는 곳까지 갈 수도 없고 지하에 내려가기도 힘들어졌어요. 이상하게 움직이기가 싫어졌거든요. 저는 눈만 뜨면 여기저기 구경하러 다니던 애벌레였는데 이상하게 요즘은 꼼짝도 하기 싫어요. 밥이나 먹어야겠어요.

"냠냠, 쩝쩝."

나무 아저씨 잎사귀는 언제 먹어도 맛이 있어요.

"아이구, 애벌레 양, 또 밥 먹는 거야?"

"네. 하하."

저는 밥 먹은 지 얼마 안 됐다는 생각이 들자 조금 민망해졌어요.

"요즘은 정말 많이 먹는 걸."

"네, 요즘은 이상하게 움직이기도 싫고 자꾸 배가 고파요."

"어디 보자. 그러고 보니 우리 애벌레 양 그사이에 많이 컸네."

"네? 많이 컸어요? 전 그대로인 것 같은데……."

그때였어요.

"윙~~~ 윙~~~"

"앗! 꿀벌들이에요. 아저씨."

"그래, 얼른 313번에게 인사하렴. 눈 깜짝할 사이에 지나갈테니까."

"네, 313번!!!"

제 소리를 들었는지 313번이 침이 있는 꼬리를 살랑살랑 흔들었어요. 위협적으로만 보였던 그 침이 왠지 따뜻하게 느껴졌어요. 313번은 잠깐 인사를 하고 얼른 꿀을 따러 갔지요. 이제 313번도 꿀벌의 삶에 적응을 한 것 같았어요. 처음 우리 집에 와서 숨겨달라고 했던 막무가 내 어린 꿀벌의 모습은 없어지고 꿀을 따러 가는 의젓한 모습으로 변했네요. 참, 나무 아저씨가 저에게도 많이 컸다고 했죠?

"참, 아저씨, 아까 했던 얘기 계속해 주세요. 아저씨가 보기에 제가 많이 자란 것 같나요?"

"그럼, 이제 어엿한 어른 애벌레가 된 것 같은데."

"어른 애벌레요? 그럼 이제 나비가 될 준비가 된 건가요?"

"아직은 아니지. 그 대신……."

"그 대신 뭐요?"

"그 대신 번데기가 될 준비는 다 된 것 같구나."

"번데기요?"

"응, 이젠 어른 애벌레가 되었으니 번데기가 되어야지. 그 과정을 거쳐야 멋진 호랑나비가 될 수 있어."

"네, 언젠가는 그날이 올 거라고 생각했어요. 그날을 기대하기도 했고요. 그래야 나비가 되니까요. 그런데 아저씨, 저 조금 겁이 나요."

"겁날 것 없어. 애벌레 양은 어른이 되기 위한 모든 과정을 잘 견뎌 왔잖아."

"네? 어른이 되기 위한 과정을 잘 견뎠다고요?"

"그럼, 알, 애벌레, 번데기 모두 어른이 되기 위한 준비 과정이야. 모든 과정을 잘 견디고 이제 한 가지 과정만 남았어. 그 과정도 지금처럼 잘 견뎌낼 거야. 걱정하지마."

"네, 이제 마지막 과정만 남았다고 생각하니까 힘이 나는 것 같아요."

"그런데 어른이 되었다고 모든 걸 다 이루었다고 생각하면 안 돼."

"네, 그게 무슨 뜻이에요? 어른이 되면 다 이룬 것 아닌가요?"

"어른이 되었다는 건 어른으로, 즉 호랑나비로서의 새로운 시작을 하게 되는 거지."

"호랑나비로서의 새로운 시작이요?"

"어떤 나비가 될지 번데기 안에서 곰곰이 생각해 봐."

'어떤 나비가 될지 생각해 보라고? 지금까지 저는 나비가 되고 싶다는 생각만 했지 어떤 나비가 될지는 생각해 보지 않은 것 같아요. 참 어리석었죠? 이제부터는 어떤 나비가 될지 생각해 봐야겠어요. 생각해 보려고 하니 배가 고프네요. 나무 아저씨에겐 조금 죄송하지만 나뭇잎을 좀더 먹어야 생각이 날 것 같았어요.

"나무 아저씨, 배가 고파서 생각하기가 힘들어요. 나뭇잎을 조금 더 먹으면 안 될까요?"

"안 되긴? 애벌레 양이 먹고 싶은 만큼 실컷 먹어."

"네, 감사합니다. 아저씨, 냠냠, 쩝쩝."

실컷 먹고 났더니 스르륵 잠이 왔어요. 저도 모르게 눈이 감겼죠.

'어떤 나비가 될지 생각해야 하는데……'

다음 날,

어제 언제 잠이 들었는지도 모르게 푹 자버렸지 뭐예요. 눈을 뜨자 또 배가 고파왔어요. 나무 아저씨의 잎사귀를 갉아먹고 있는데 꿀벌들의 소리가 들렸어요.

"313번!"

313번에게 제가 번데기가 되어 간다는 말, 그리고 번데기가 되었을 때는 인사를 못 할 수도 있으니까 기다려 달라는 말을 해야 해서 더 크게 친구를 불렀어요.

"313번!!!"

제 목소리를 들었는지 313번이 꼬리를 살랑살랑 흔들었어요.

"313번, 나 이제 번데기가 될 것 같아."

313번이 잠깐 멈칫하는 것 같았어요. 제 얘기를 들은 것이 분명해요.

"번데기가 되면 당분간 너와 인사를 못할 것 같은데 기다려 줄 수 있지?"

그때였어요. 313번이 갑자기 방향을 틀더니 저에게 다가왔어요.

"꼬맹이."

너무 오랜만에 듣는 '꼬맹이' 라는 말에 마음이 따뜻해지는 것 같았어요.

"313번……."

"꼬맹이, 이제 어른이 되는 거냐?"

"응, 잠깐만 기다려줘. 이제 내가 너 만나러 하늘로 훨훨 날아갈테니까."

그때 꿀벌들 틈에서 소리가 들려왔어요.

"어이, 313번 빨리 와! 뭐하고 있는 거야!!!"

"네!"

313번을 부르는 소리가 계속 들려왔어요.

"꼬맹이, 오래 얘기 못해. 우리 꿀벌 선배들에게 물어봤더니 '번데기' 라는 그 과정 쉽지 않다고 하더라. 하지만 꼬맹이 너는 잘 견딜 수 있을 거야. 우리 하늘에서 만나자. 나 그만 갈게 안녕."

"응, 잘 견딜게 313번. 하늘에서 만나자. 꼭!!!"

하늘로 높이 날아오르는 313번을 향해 힘차게 소리쳤어요. 나무 아저씨, 313번의 응원에 저는 더 용기가 생겼어요. 빨리 번데기가 되고 싶은 마음뿐이었죠. 번데기가 돼서 어떤 나비가 될지 생각해 볼 거예요. 멋진 나비가 되고 싶으니까요.

애벌레에게 닥친 위험

하루하루 지날 때마다 점점 더 움직이기가 싫어졌어요.

"에휴~ 악!!!"

한숨을 쉬면서 제 배를 내려다 봤는데 몸이 쭈글쭈글해진 거 있죠.

"아저씨, 나무 아저씨!!!"

"애벌레 양, 무슨 일이 생긴 거야?"

"네, 제 몸이…… 몸이…… 이상해요. 쭈글쭈글해졌어요."

"아하, 이제 때가 됐구나."

"네? 아~ 번데기가 될 때요?"

"그렇지. 이제 더 많이 먹고, 힘을 모아둬야 해. 그리고 내 나뭇잎 속으로 들어와 방을 만들어."

"네? 방을 만들라고요?"

"애벌레 양이 번데기가 되어서 지낼 방. *번방이라고 해. 사람들 눈에 띄지 않는 곳에 만들어야지."

> * 번방 : 곤충들이 번데기가 되었을 때 묵는 방을 '번방' 이라고 한답니다.

"네. 참! 313번에게는 제가 어디에 있는지 말해

쥐야 해요. 제가 보이지 않으면 걱정할 거예요.”

“그래, 조금 있으면 꿀벌들이 지나갈 테니 그때 이야기해 주렴.”

때마침 꿀벌들이 ‘윙~ 윙~’ 소리를 내며 지나갔어요. 아니나 다를까 313번이 꼬리를 살랑살랑 흔들며 인사를 했지요.

“313번! 나 이제 번데기가 되러 갈 거야. 저기 나무 아저씨 나뭇잎 아래에 번방을 만들고 거기에 들어가서 번데기로 지내게 될 거야. 그러니까 나 없어졌다고 걱정하지 마!”

313번은 알았다는 듯이, 그리고 힘내라는 듯이 꼬리를 더 힘차게 흔들고 사라졌어요. 저는 나무 아저씨 나뭇잎 아래로 들어가 번방을 만들었죠. 번방에서 나무 아저씨의 나뭇잎을 실컷 먹고 눈을 감았지요. 번데기가 될 모든 준비가 되었거든요. 그때였어요. 어디서 시끄러운 소리가 들려왔어요.

“와~ 귤나무다.”

“선생님 이 나무에서 귤이 자라는 거예요?”

“응, 제주도 귤은 달기로 유명하지.”

“더 가까이 가서 보고 싶어요.”

“그래. 그런데 나무에 상처내면 안 돼!”

“네~”

“지훈아! 나무에 오르면 안 돼! 다쳐 얼른 내려와!!!”

“괜찮아요!”

작은 사람들이 나무 아파트로 다가왔어요.

"나무 아저씨! 저 작은 사람들은 뭐예요?"

"응, 요 앞 제주도 유치원 다니는 아이들인데 가끔 귤나무 아파트로 소풍을 온단다. 이거 큰 일 났는걸."

"네? 큰 일이요?"

"저 녀석들이 다녀가면 나뭇가지들이 남아나질 않거든. 애벌레 양 좀더 높은 나뭇가지로 올라갈 수 있겠어?"

"아니요. 꼼짝할 수가 없어요."

"그래? 이곳은 위험한데……. 할 수 없지. 저 아이들이 오지 않기를 바라는 수밖에……."

그런데 나무 아저씨의 바람은 뒤로한 채 한 아이가 나무 아저씨에게로 다가왔어요. 나뭇가지 하나를 집어 들더니 땅을 파기 시작했지요.

"앗, 안 돼! 거기는 굼벵이 언니, 오빠들이 있는 곳이란 말이야!"

그 아이는 금방 싫증이 났는지 다른 놀잇거리를 찾았어요.

"휴우~ 다행이다. 굼벵이 언니, 오빠들이 다치는 줄 알았네."

나무 아저씨는 긴장을 했는지 뻣뻣하게 굳어 있었어요. 그때였어요. 그 아이가 갑자기 나무 아저씨 가지를 붙잡고 나무에 오르기 시작했어요.

"지훈아! 나무에 올라가면 안 된다니까!!!"

"괜찮아요 선생님. 저는 나무타기 선수예요!!"

"그래도 안 돼! 얼른 내려와!!! 너 선생님한테 혼난다!!!"

"괜찮은데……."

아이는

풀이

죽은 듯

나무에서 내

려갔어요. 그런데 그

때 화가 난 아이는 나무 아저씨의 나

뭇가지 하나를 붙잡고 세게 당기기 시작했어요.

바로 제가 번방을 만들고 있는 그 나뭇가지를요.

"우이씨! 나무타기 잘할 수 있는데!!!"

"안 돼! 그러지 마! 난 나비가 돼야 한단 말이야!!!"

하지만 아이는 제 목소리가 들리지 않았는지 더 세게

당기기 시작했어요.

"나무 아저씨! 어떻게 해요. 저 떨어질 것 같아요. 꼼짝

할 수도 없는데……."

"애벌레 양, 내 가지 꽉 붙들고 있어. 아무 일 없을 거야. 진정

해!"

하지만 그렇게 말하는 나무 아저씨의 목소리도 떨리기는 마찬가지였

어요. 그 아이는 나뭇가지 당기는 것을 멈추지 않았지요. 그때였어요.

"윙~"

꿀벌 한 마리가 다가왔어요. 313번이었어요.

"313번!"

"꼬맹이 걱정하지 마. 내가 널 지켜줄게."

313번은 무서운 꼬리 침으로 그 아이를 위협했지요. 하지만 아이는 귀찮은 듯 팔만 휘휘 저을 뿐이었어요.

"313번! 거기에서 뭐해! 위험하니까 빨리 이리로 와!!!"

하늘 위에서 313번을 부르는 꿀벌들의 소리가 들렸어요.

"313번, 너 부르잖아. 위험하니까 너라도 빨리 도망가."

"걱정마 꼬맹이."

313번은 그 말 끝에 꼬리에 있는 뾰족한 침을 빳빳하게 세웠어요. 나뭇가지를 당기고 있는 그 아이를 쏘려는 것 같았지요.

"잠깐!!! 313번 안 돼! 침을 쏘면 내장기관이 함께 빠진다고 했잖아! 그러지 마!!!"

저는 313번을 말렸어요. 하지만 313번은 빳빳하게 세운 침을 거두지 않았어요.

"313번 하지 마! 안 돼!!!"

여기저기에서 313번을 말리는 꿀벌들의 소리가 들렸어요.

윙~윙~윙~

"오늘따라 벌들이 왜 이렇게 시끄러워. 나무타기도 못해서 화나는데!!!"

그 아이는 더 화가 났는지 제가 있는 나뭇가지를 더 세게 흔들었어요. 그 바람에 저는 거의 떨어질 지경이 되었지요. 있는 힘을 다해 나뭇

가지를 붙잡고 있는데

"악~"

하는 비명소리와 함께 그 아이가 나무 아파트 밑으로 떨어졌어요.

"벌에 쏘였어! 앙~~~"

그 아이의 울음소리에 313번이 생각났어요. 아이가 떨어진 곳을 바라보니 313번이 힘없이 빙빙 돌고 있었지요.

"313번!!!"

있는 힘을 다해 313번을 불렀어요. 313번은 힘들게 저를 올려다봤어요.

"313번, 왜 그랬어? 왜 침을 쏘았어!!!"

"네가 위험했잖아."

"그래도 네가 죽는다는 걸 알면서 왜 그랬어! 왜!!!"

"꼬맹이, 네가 날 바꿔 놓았잖아. 친구를 위해 희생할 줄 아는 꿀벌로……."

313번의 말에 아무런 대답도 할 수 없었어요. 그냥 목놓아 우는 것밖에는…….

"울지 마 꼬맹이, 그리고 꼭 멋진 나비가 되어서 나를 데리고 하늘 높이 날아줘. 너와 함께 꼭 날아보고 싶었거든. 그리고 매미 아저씨 옆에다 데려다 줄 수 있지? 그러면 덜 외로울 것 같아."

"응. 응. 알았어."

저는 눈물을 참고 힘차게 고개를 끄덕였어요.

"고…고마워 꼬맹이. 예전 같으면 친구를 위해 희생하는 일……. 새……생각지도 못했을 거야. 너 때문에 치……친구를 위해 희……희생할 용기가 생겼어. 난…… 원래 겁……겁쟁이였는데……. 내…치…친구… 꼬…꼬맹…이… 아안…녕……."

힘겹게 말을 마치고 313번은 고개를 떨구었어요.

"313번!!!"

저는 목이 터져라 제 친구의 이름을 불렀어요. 하지만 제 친구 313번은 꿈쩍하지 않았지요. 313번에게 쏘인 아이만이 목놓아 울 뿐이었어요. 313번에게 쏘인 아이와 함께 저도 목놓아 울었어요. 우리 둘 다 313번 때문에 울었지만 각자 다른 이유로 목놓아 울었지요. 그 아이는 친구들과 선생님을 따라 집으로 갔지만 저는 힘이 빠질 때까지 한참을 더 울었어요. 그리고 저도 모르게 잠이 들었답니다.

훨훨 날아라, 애벌레야.

얼마나 잤을까요? 한참을 잠든 것 같았는데 눈을 떠보니 아직 깜깜했어요. 그런데 몸이 이상했어요. 움직이지도 못하겠고 숨쉬기도 힘들 정도로 답답했죠.

'어떻게 된 일이지?'

저는 어떻게 된 일인지 궁금해서 나무 아저씨를 힘껏 불렀어요.

'아저씨!!!'

그런데 이게 웬일이에요? 목소리가 나오지 않았어요. 아무리 아저씨를 부르려고 해도 목소리가 나오지 않았어요.

'아! 번데기!'

그 순간 제가 번데기가 되었다는 것을 깨달았죠. 기다리고 기다리던 순간이라 기쁘기도 했지만 숨쉬기도 힘들고 너무 답답해서 빨리 나가고 싶은 마음뿐이었죠.

'이렇게 답답한데 10일을 어떻게 버티지?'

눈앞이 캄캄했어요. 이 상태로 아무것도 먹지 않고 10일을 버텨야 한다니……. 포기하고 싶은 마음이 들었죠. 그때 313번이 생각났어요. 나에게 멋진 나비가 되어 함께 하늘을 날아달라던 313번. 그 생각을 하니까 아무리 힘들어도 꼭 이겨내야겠다는 생각이 들었어요. 그래서 꼭 313번의 마지막 부탁을 들어주고 싶었어요. 저는 잠이라도 자면 좀 견디기 쉬울 것 같아서 눈을 감았어요.

313번, 매미 아저씨, 왕풍뎅이가 된 굼벵이 언니, 오빠들과 훨훨 하늘을 나는 꿈을 꿨어요. 우리는 신나게 하늘을 날며 매미 아저씨와 함께 노래를 불렀어요. 나무 아저씨도 즐거운지 함께 노래를 불러 주셨죠. 한참 동안 즐거운 여행을 하던 저는 배가 고파 눈을 떴지요. 하지만 눈앞에 보이는 것은 여전히 암흑뿐이었어요. 번데기가 된 후 얼마나 지난 것인지 감이 잡히지 않았어요. 배가 너무 고팠어요. 나무 아저씨의 맛있는 나뭇잎을 한 입만이라도 먹고 싶었지요. 눈물이 날 지경이었죠.

　'모두들 이런 힘든 과정을 통해 어른이 되었구나.'

하는 생각이 들었어요.

　'참! 어떤 나비가 되고 싶은지 생각해 봐야지.'

　저는 번데기가 되면 어떤 나비가 되고 싶은지 생각해 보라는 나무 아저씨의 말이 떠올랐어요. 이렇게 힘든 과정을 거쳐 나비가 되었는데 형편없는 나비가 되고 싶지는 않았거든요. 저는 배고픈 것도 잊고 어떤 나비가 될지 곰곰이 생각해 봤어요. 예전 같았으면 당연히 '세상에서 가장 예쁜 호랑나비가 될 거야.' 라고 생각했겠지만 지금은 아니에요. 세상에서 가장 예쁜 나비보다는 더 훌륭한 나비가 되고 싶었거든요. 다른 친구들을 살리기 위해 나무젓가락 공격에 아무런 저항도 하지 않고 잡혀간 굼벵이 언니 오빠들, 7일을 살기 위해 어두운 땅 속에서 7년을 참고 견디신 매미 아저씨, 그리고 친구를 위해…… 저를 위해 목숨도 아끼지 않은 꿀벌 친구 313번이 저를 바꿔 놓았거든요. 이제 세상에서 가장 예쁜 호랑나비보다는 세상에서 가장 사랑이 많은 호랑나비가 되고 싶다는 생각을 했어요. 훨훨 날아다니며 제 도움이 필요한 친구들에게 도움을 주고 사랑을 주는 호랑나비가 되고 싶다는 생각을 했지요. 애벌레 시절 저에게 많은 가르침을 준 제 친구들처럼요.

　힘들고 어려운 날의 연속이었어요. 배고픈 건 물론이고, 숨쉬기가 힘들어 '이대로 죽는 게 아닌가?' 겁이 난 적도 있었지요. 또 억수 같은 장대비가 쏟아져 나뭇가지에서 떨어질 뻔한 적도 있었어요. 나비가 되기 힘들게 하루하루를 버티고 있었죠. 그러던 어느 날이었어요. 갑자기 등이 가렵기 시작했어요. 답답해서 더 이상 견딜 수가 없었죠. 온 몸을 쭉 펴고 싶은 마음을 더는 참을 수가 없었어요. 견디다 못해 저는 온 몸을 쭉 펴기 시작했죠. 하지만 저를 감싸안고 있는 번데기는 아쉬운 듯 놓아주지 않았어요. 저는 몸을 펴기 위해 온 힘을 다했어요. 등이 가려워 더 이상은 참을 수가 없었거든요.

"빠직~~~"

온 몸에 힘을 주고 몸을 쭉 펴고 있던 그때, '빠직' 하는 소리와 함께 번데기 한쪽에 살짝 금이 갔어요. 저는 '지금이 기회다' 라고 생각하고 구멍난 쪽으로 있는 힘껏 날개를 밀어 넣었어요.

'날개?'

순간 저에게 날개가 생겼다는 것을 깨달았어요. 드디어 나비가 된 거예요.

"애벌레 양! 아니 호랑나비 양! 조금만 더 힘을 내요."

어렴풋하게 나무 아저씨의 목소리가 들려왔어요.

"호랑나비야! 힘내! 조금만 더 힘을 내면 나올 수 있어."

어! 귀에 익은 목소리였어요. 맞아요! 분명 굼벵이 언니, 오빠들의 목소리였어요. 굼벵이 언니, 오빠들도 힘든 번데기 과정을 잘 견뎌내고 왕풍뎅이가 되었나봐요. 친구들의 목소리를 들으니 한시라도 빨리 밖으로 나가고 싶었어요. 빨리 나무 아저씨에게 제 모습을 보여주고 싶었고, 왕풍뎅이 언니, 오빠들과 하늘을 훨훨 날고 싶었어요. 무엇보다도 먼저, 제 친구 313번에게 가 보고 싶었어요. 그동안 개미들이 313번을 데리고 갔을까봐 조마조마했거든요. 있는 힘껏 날개를 쭉 폈어요. 그 순간 날개가 활짝 펴졌지요. 저는 비틀비틀거리며 번데기에서 기어 나왔어요. 눈부신 햇살이 저를 반겨주었어요.

"아, 눈부셔!"

눈이 부셔서 눈을 잘 뜰 수 없었죠.

"호랑나비 양! 괜찮아요?"

"호랑나비야! 괜찮아?"

나무 아저씨와 왕풍뎅이 언니, 오빠들의 목소리가 또렷하게 들렸어요. 하지만 눈이 부셔서 눈을 잘 뜨지 못해 모습을 볼 수는 없었지요. 얼마나 지났을까요? 한참을 쉬고 나서 힘겹게 눈을 뜨니 제가 그토록 보고 싶어 했던 나무 아저씨와 왕풍뎅이 언니, 오빠들 그리고 나무 아파트 마을이 서서히 제 눈 속으로 들어오기 시작했어요.

"아저씨! 언니, 오빠!"

"호랑나비 양, 아주 잘 했어요. 잘 견뎌냈어요."

눈물을 머금은 나무 아저씨의 말이었어요.

"그래, 호랑나비야. 힘들었지?"

"너 아주 멋진 호랑나비가 되었는 걸?"

왕풍뎅이 언니, 오빠들도 격려를 아끼지 않았어요.

"모두 고마워요……."

저는 목이 메어 더 이상 말을 잇지 못했지요.

"뭐하고 있어! 빨리 날개를 펴봐!"

"그래, 바람을 가르고 훨훨 나는 기분이 얼마나 좋은데!"

"맞아, 하늘에서 내려다보는 세상은 또 얼마나 아름답다고~"

왕풍뎅이 언니, 오빠들의 말에 '참! 이제 날개가 생겼지?' 라는 생각이 났어요. 오랜만에 세상에 나오니 너무 좋아서 날개가 생긴 것도 깜박했지 뭐예요.

"맞다. 날개! 날개가 생겼지?"

저는 조금씩 조금씩 날개짓을 했어요. 제 몸이 하늘 위로 떠오르는게 느껴졌지요. 비틀비틀 올라가긴 했지만 분명히 하늘 위로 올라가고 있었어요.

"나무 아저씨, 왕풍뎅이 언니, 오빠! 저 날고 있어요!"

"호랑나비 양, 정말 멋져요. 정말……."

나무 아저씨는 여전히 눈물 가득한 목소리로 격려해 주셨죠.

왕풍뎅이 언니, 오빠들이 능숙한 날개짓으로 제 옆으로 다가왔어요.

"호랑나비야, 우리 저 산 너머까지 날아가 볼까?"

"그래, 그런데 그 전에 나 할 일이 있어. 언니, 오빠들! 나 좀 도와줄 수 있어?"

"그래? 무슨 일인데?"

"내 친구를 찾는 일. 내 꿀벌 친구 313번."

"아, 우리가 번데기였을 때 너와 함께 왔던 그 친구?"

"응, 어떻게 알았어?"

"보지는 못하지만 느낄 수 있거든. 그런데 그 친구가 어디에 있는데?"

"저 나무 밑에 있는 것까지 봤는데 그 뒤로는 어떻게 되었는지 모르겠어."

솔직히 말하면 번데기에서 나오자마자 그 자리를 보고 싶었는데 너무 떨려서 볼 수가 없었어요. '개미들이 313번을 데려갔으면 어쩌지?' 하는 생각에 도저히 볼 용기가 나지 않았지요. 주저하고 있는데 왕풍뎅이 언니, 오빠들이 재촉했어요.

"그럼 빨리 가 보자."

저는 용기를 내서 나무 밑, 313번이 누워있던 자리를 봤죠. 하지만 그곳에는 아무것도 보이지 않았어요. 믿기지가 않아 더 밑으로 밑으로 내려갔지요. 하지만 역시 아무것도 보이지 않았어요. 제 친구를 지켜주지 못했다는 생각에 눈물이 핑 돌았어요. 그때였어요.

"호랑나비야! 저기 꿀벌이 있는 것 같아. 저 밑에!"

"어디? 언니, 오빠! 어디에 있어?"

왕풍뎅이 언니, 오빠들이 가리킨 곳을 보니 개미들이 313번을 들고 가고 있었어요. 저는 재빨리 그곳으로 가서 제 친구를 꽉 붙잡았지요.

그리고 제 친구 313번과 함께 하늘 높이 훨훨 날았어요.

"호랑나비야, 이제 저 산 너머에 가볼까?"

"응."

저와 왕풍뎅이 언니, 오빠들은 힘차게 날갯짓을 했지요.

'어이, 꼬맹이 너 진짜 멋진 나비가 되었구나.'

313번이 저에게 속삭이는 것 같았어요.

'응, 네 덕분이야 313번. 그리고 앞으로 더 멋진 나비가 될게.'

'꼬맹이, 저기 매미 아저씨를 묻어둔 곳이다. 우리가 표시해 둔 나무 막대기가 보여.'

'앗, 진짜네.'

나무 아파트 숲 사이로 매미 아저씨를 묻어둔 곳이 보였어요. 나뭇가지 사이로 매미 아저씨의 모습이 보이는 것 같았지요. 매미 아저씨가 환하게 웃으며 나비가 된 저를 위해 노래를 불러주시는 것 같았어요.

'라랄라~ 호랑나비 양, 샤랄라~ 멋진 나비가 되었군요. 랄랄라~'

매미 아저씨의 노랫소리를 들으며 뒤를 돌아보니 나무 아저씨가 흐뭇한 듯 저희를 바라보고 계셨지요.

"나무 아저씨! 고마워요! 아저씨 덕분에 멋진 호랑나비가 되었어요."

저는 큰 소리로 나무 아저씨께 인사를 했어요.

"내가 더 고마워요. 호랑나비 양, 호랑나비 양이 커가는 모습을 보는 게 나에게 큰 행복이었답니다."

나무 아저씨는 흐뭇한 듯 활짝 웃으며 나뭇가지를 흔들어 주셨
지요. 나무 아저씨의 인사에 우아한 날개짓으로 화답했어요.
나무 아저씨의 환한 웃음소리, 그리고 매미 아저씨의 노랫
소리와 함께 저와 313번, 그리고 왕풍뎅이 언니,
오빠들은 하늘 높이 힘껏 날아올랐답니다.

땅에는 어떤 생물이 살고 있을까?
탐구 보고서

땅에 사는 작은 생물

탐구 주제	나무 아파트와 마찬가지로 땅속에도 많은 생물들이 살고 있다고 해요. 땅속에는 어떤 생물이 살고 있고, 그 생물들은 어떤 특징이 있는지 알아보기로 했어요.
탐구 동기	개미들이 꿀벌 313번을 데려가는 바람에 꿀벌 313번을 다시는 보지 못할 뻔 했어요. 그런데 어두운 땅속에서 살아가는 개미들의 삶이 궁금해졌어요. 딱딱하고 어두운 땅속에서 개미들은 과연 어떻게 살아갈까요? 그리고 땅속에는 개미 외에 어떤 생물들이 살고 있을까요?

탐구 결과	땅속 생물	특징
	우산 이끼	① 우산이끼는 나무 아저씨와 달리 뿌리, 줄기, 잎의 구별이 없어요. ② 다 자라면 갈라진 우산 모양이 되는 것이 있고, 펼쳐진 우산 모양이 되는 것도 있죠. 갈라진 우산 모양이 암그루, 펼쳐진 우산 모양이 바로 수그루이죠.  ③ 우산이끼는 그늘지고 습한 곳을 좋아해요. 그래서 돌 틈이나 나무 그늘 주변에서 살아가지요.
	개미	① 보기에는 작아 보이지만 아주 단단한 몸을 가지고 있어요. 그래서 자기 몸의 50배가 되는 먹이도 나를 수 있죠. 턱 또한 아주 단단해서 큰 먹이가 있을 때 잘라서 집으로 운반하기도 하죠.

	개미	② 개미는 땅 위나 땅속에 집을 짓고 살아가요. 벌과 마찬가지로 서로 다양한 역할을 맡아 집단 생활을 하지요. ③ 개미 중에는 나무껍질 혹은 돌 틈에서 살아가는 것들도 있답니다. ④ 단맛의 수액이 많은 나무껍질이나 땅속을 보면 개미를 발견할 수 있어요. 
탐구 결과	지렁이	① 지렁이는 습기가 많은 땅속을 좋아하지요. 비가 온 뒤 땅에서 지렁이를 많이 볼 수 있는 이유도 그때문이에요. ② 주로 붉은 색을 띠고 있으며 피부로 호흡을 해요. 몸 앞에는 흰색의 굵은 띠(환대)가 있어요. 또한 한 몸에 암수의 생식기관이 함께 존재하는 자웅동체이죠. ③ 요즘 지렁이는 환경에 도움을 주는 생물로 각광받고 있어요. 지렁이는 오염된 흙을 깨끗하게 해 주지요. 그뿐만 아니라 지렁이가 음식물 찌꺼기를 먹고 싼 똥(분변토)은 천연 비료가 된답니다.
	유산균 효모균	① 김치, 된장, 치즈, 요구르트~ 이름만 들어도 건강해지는 것 같죠? 이런 음식들을 만드는데 꼭 필요한 것이 바로 유산균과 효모균이랍니다. ② 효모균은 곡식과 과일 등을 발효시켜 술이나 빵을 만드는 데 쓰여요. ③ 김치의 새콤한 맛, 요구르트의 상큼한 맛의 비밀은 바로 유산균이랍니다. 유산균은 건강에도 좋고, 나쁜 세균을 없애기도 하는 고마운 생물이에요.
느낀 점		탐구를 통해 이끼는 실내 습도를 조절해 환경을 쾌적하게 해 주고, 유산균, 효모균은 건강에 좋은 음식을 만들어 준다는 사실을 알았어요. 또한 지렁이는 음식물 찌꺼기를 분해해 분변토를 만들기도 한다는 것도 알았지요. 이렇게 작은 생물들이라고 해도 우리가 살아가는 환경에는 꼭 필요하다는 것을 알았어요. 우리가 살아가는 지구는 혼자서는 살 수 없고, 작은 생물들 하나하나까지도 서로의 역할을 다하며 함께 살아가고 있는 것이죠. 앞으로 작은 생물도 소중히 여기며 살아가기로 결심했어요.

부록 1

애벌레 양과 함께 쓰는

탐구 보고서,
실험 보고서,
관찰 일기

(관련 교과 : 3~6 학년 과학)

비의 양 재기
실험 보고서

관련교과　**3-1** 4. 날씨와 우리 생활 | **6-2** 1. 날씨의 변화

하늘에서 내리는 보물,
비의 양 재기

실험 동기	비의 양을 재는 기구는 조선 시대부터 만들어졌다고 합니다. 조선 세종 때 장영실이 만든 측우기가 바로 비의 양을 재는 기구였지요. 하늘에서 내리는 비의 양을 쟀던 이유는 무엇일까요? 비의 양이 왜 중요할까요? 비의 양을 재는 이유를 알아보기 위해 '비의 양 재기' 실험을 했습니다.
실험의 과정과 실험	**준비하기** ① 위, 아래의 넓이가 다른 여러 가지 그릇을 준비합니다. 　ⓐ 입구가 좁고 바닥이 넓은 그릇 　ⓑ 입구가 넓고 바닥이 좁은 그릇 　ⓒ 입구와 바닥의 넓이가 같은 그릇 ② 물뿌리개와 물을 준비합니다. **실험하기** ① 준비해 둔 그릇에 같은 시간 동안 물뿌리개로 물을 뿌립니다. **예** ⓐ 그릇에 1분간 물 뿌리기 ▼ ⓑ 그릇에 1분간 물 뿌리기 ▼ ⓒ 그릇에 1분간 물 뿌리기 * 이때 같은 시간에 같은 양의 물을 뿌리는 것이 중요합니다. ② 그릇의 종류에 따라 찬 물의 깊이를 잽니다.

실험의 결과	그릇의 종류에 따른 물의 깊이	
	입구가 좁고 바닥이 넓은 그릇	물의 높이가 낮다.
	입구가 넓고 바닥이 좁은 그릇	물의 높이가 높다.
	입구와 바닥의 넓이가 같은 그릇	물의 높이가 중간이다.

실험을 통해 알게 된 점

비의 양을 재기 적당한 그릇

비의 양을 재기 적당한 그릇은 입구와 바닥의 넓이가 같은 그릇입니다. 입구가 좁고 바닥이 넓은 그릇은 비의 양이 너무 적게 측정되고 입구가 넓고 바닥이 좁은 그릇은 비의 양이 너무 많게 측정되기 때문입니다.

비의 양을 잴 때는 위와 아래의 넓이가 같은 원통형 그릇으로 빗물을 받아 자로 깊이를 재어 mm로 나타냅니다.

더 알고 싶은 점

비의 양을 재는 이유

① 댐의 *수문을 열거나 닫는 일을 결정합니다.

② 농사를 짓거나, 고기잡이에 도움을 줍니다.

③ 홍수와 가뭄을 예방하는 일을 합니다.

*수문 : 물의 흐름을 막거나 흐르는 물의 양을 조절하기 위하여 댐에 설치한 문이에요.

물 속에는 어떤 생물이
살고 있을까?
탐구 보고서

관련교과 **3-2** 2. 동물의 세계 | **6-1** 4. 생태계와 환경

물에 사는
생물의 종류

탐구 주제	① 물에는 어떤 식물과 동물이 살아갈까? ② 물 속 생물들이 살아가는 데 필요한 것은 무엇일까?	
준비물	1. 연못이나 개울에 사는 생물을 채집하기 위한 뜰채 2. 채집한 생물을 종류별로 담을 병이나 수조 3. 생물을 관찰할 돋보기와 쌍안경 4. 식물의 뿌리를 캘 때 사용할 꽃삽 5. 내용을 기록할 카메라와 관찰 기록장	

탐구 결과	물에 사는 식물	물에 사는 식물은 물 위에 떠서 사는 식물과 물 속에 살고 있는 식물로 나눌 수 있었습니다. ① 물 위에 떠서 사는 식물 : 부레옥잠, 개구리밥, 생이가래 등 ② 물속에 사는 식물

뿌리는 물 밑에 있고 잎은 물 위에 떠 있는 식물	연꽃, 수련, 마름
물속에 잠겨 있는 식물	물수세미, 붕어 마름 검정말

탐구 결과	**물에 사는 동물**	물에 사는 동물도 물 위에 떠서 사는 동물과 물속에 살고 있는 동물로 나눌 수 있습니다. ① 물 위에 사는 동물 – 소금쟁이, 물매암이, 송장헤엄치개 등 ② 물속에 사는 동물 – 장구애비, 붕어, 게아재비, 물방개, 물장군, 물자라, 물땅땅이, 우렁이, 미꾸라지 등
	물 속 생물이 살아가기 위해 필요한 것	물속 생물들이 잘 살기 위해서는 다음과 같은 조건이 필요했습니다. ① 물속 동물은 먹이가 풍부한 곳에 삽니다. ② 물속 식물은 햇빛이 들고 *거름이 있는 곳에 삽니다. ③ 물이 오염되지 않아야 합니다. ④ 물속 생물이 안정되게 살아갈 수 있는 여러 가지 환경이 맞아야 합니다. ⑤ 연못의 바닥은 흙과 물풀이 있어야 하고, 개울 바닥은 돌과 모래가 있어야 합니다.
느낀 점		여러 가지 생물은 물 위, 물속, 물가 등 환경에 맞추어 살고 있었습니다. 자신들의 특성에 맞춰 살고 있는 생물들을 보니 대견하다는 생각이 들었습니다. 연못, 개울속에 사는 식물과 동물도 모두 가족을 이루고 살고 있었습니다. 옹기종기 모여 있는 작은 생물들을 보니 화목하고 다정해 보였습니다. 연못과 개울은 생물이 살기에 알맞도록 햇빛이 잘 비치고 물이 고요했습니다. 또한 오염되지 않은 곳에 더 많은 생물이 모여 있는 것을 볼 수 있었습니다. 작은 생물들이 살아가기 좋은 환경을 만들도록 사람들이 노력해야겠습니다.

*거름 : 식물이 잘 자라도록 땅을 기름지게 하기 위하여 주는 물질을 거름이라고 해요. 썩은 동식물, 광물질, 그리고 조금 더럽다고 생각할 수도 있지만 똥과 오줌도 아주 좋은 거름이랍니다.

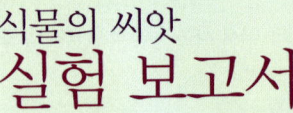

식물의 씨앗
실험 보고서

생명의 근원 – 식물의 씨앗

실험 동기	작은 씨앗에 무엇이 들어 있길래 커다란 나무도 되고, 여러 가지 열매를 맺기도 할까요? 작은 씨앗에 숨어 있는 비밀을 풀고 싶어 실험을 하게 되었습니다. 실험을 통해 씨앗이 싹트는 데 필요한 조건에 대해 알아봅시다.

실험의 과정과 결과

준비하기
 ① 똑같은 크기의 접시 두 개
 ② 접시에 깔 솜
 ③ 씨앗

실험하기 1

〈*가설 세우기〉
씨앗이 싹트는 데는 물이 필요할 것입니다.

〈실험을 통해 가설 검증하기〉
① 두 개의 접시에 솜을 깔고, 씨앗을 놓습니다.
② 한쪽 솜에는 물을 적시고, 다른 쪽은 그대로 둡니다.
③ 두 접시를 창가에 둡니다.
④ 두 접시를 며칠 동안 관찰합니다.

〈실험 조건〉
:: 같게 해야 할 조건 – 온도, 햇빛
:: 다르게 해야 할 조건 – 물

〈실험 결과 & 가설 입증〉
 물을 적신 솜에 있던 씨앗은 싹이 텄으나, 물을 적시지 않은 쪽의 씨앗은 싹이 트지 않았습니다. 실험 결과 씨앗이 싹트는 데에는 물이 필요하다는 것을 알 수 있었습니다.

실험하기 2
〈가설 세우기〉
 씨앗이 싹트는 데는 햇빛이 필요할 것입니다.

**실험의
과정과 결과**

〈실험을 통해 가설 검증하기〉
① 두 개의 접시에 솜을 깔고, 씨앗을 놓습니다.
② 양쪽 솜에 모두 물을 적십니다.
③ 한쪽 접시는 따뜻한 곳에 두고, 다른 쪽 접시는 냉장고 안에 넣습니다.
④ 두 접시를 며칠 동안 관찰합니다.

〈실험 조건〉
:: 같게 해야 할 조건 – 물
:: 다르게 해야 할 조건 – 온도, 햇빛

〈실험 결과 & 가설 입증〉
따뜻한 곳에 놓은 접시의 씨앗은 싹이 텄으나, 냉장고 안에 둔 접시의 씨앗은 싹이 트지 않았습니다. 실험 결과 씨앗이 싹트는 데에는 따뜻한 온도와 햇빛이 필요하다는 것을 알 수 있었습니다.

*가설 : 어떤 사실을 설명하거나 검증하기 위해 설정한 가정을 '가설'이라고 해요.

정리1	**식물과 물의 관계** ① 실험에서 확인했듯이 식물이 자라는 데에는 물이 꼭 필요합니다. ② 식물은 3/4 이상이 물로 구성되어 있다고 합니다. 따라서 식물의 성장에는 물이 필요합니다. ③ 식물은 뿌리로 물을 흡수합니다. 흡수한 물의 일부는 식물에게 필요한 양분을 만드는데 쓰이고, 필요 없는 물은 다시 밖으로 내보냅니다. ④ 식물은 필요한 양분을 흙속에서 얻기도 합니다. 이때 뿌리로 물과 함께 흙 속의 양분을 흡수합니다. ⑤ 식물의 뿌리에는 수많은 뿌리털이 나 있습니다. 그래서 물을 빨아들이는 표면적이 무척 넓습니다.
정리 2	**식물과 햇빛의 관계** ① 식물의 잎이 녹색인 이유는 잎속에 녹색을 띠고 있는 엽록소가 있기 때문입니다. ② 식물이 햇빛을 받으면 자연적으로 엽록소가 생깁니다. 　**예** 콩나물을 햇빛에 놓으면 머리가 노란색에서 초록색으로 바뀝니다. ③ 엽록소에서는 광합성 작용을 하여 식물에게 꼭 필요한 영양분을 만듭니다. ④ 따라서 식물이 자라는 데는 햇빛이 꼭 필요합니다. 　**예** 강낭콩의 변화 　　:: 햇빛이 없는 곳에서 자라던 강낭콩을 햇빛이 잘 드는 곳으로 옮기면 잎과 줄기가 진한 녹색으로 변합니다. 　　:: 햇빛이 없는 곳에서 자라던 강낭콩을 햇빛이 잘 드는 곳으로 옮기면 줄기가 굵어지고 잎이 커지면서 튼튼해집니다.

식물의 한살이

식물의 씨앗에 대해 실험을 하다 보니 식물의 한살이에 대해 알고 싶어졌습니다. 그래서 강낭콩의 한살이에 대해 조사해 보았습니다.

1. 강낭콩의 한살이

① 강낭콩은 씨앗 속에서 한살이를 준비합니다.
② 강낭콩의 씨앗이 땅에 떨어져 물을 흡수하면 싹이 틉니다.
③ 싹이 튼 후 떡잎과 뿌리가 생깁니다.
④ 시간이 지나면 잎과 가지가 점점 많아집니다.
⑤ 이후, 강낭콩의 꽃이 핍니다.
⑥ 강낭콩의 꽃이 지면 콩 꼬투리가 생깁니다.

더 알고 싶은 점

2. 다른 식물의 한살이

① 모든 식물의 한살이 과정은 비슷합니다.
　　예 봉숭아나 다른 식물도 씨앗에서 싹이 터서 자란 후, 꽃이 핍니다. 꽃이 지면 열매를 맺습니다.
② 식물은 한살이 과정을 마치면 씨앗의 수가 훨씬 많아집니다.
③ 식물의 한살이 과정으로 생긴 새로운 씨앗은 다시 한살이를 준비합니다.

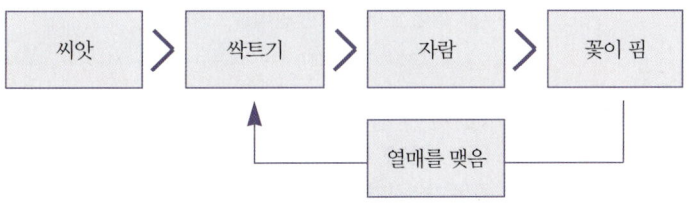

물의 변화
실험 보고서

진짜 모습은 뭘까?
모습을 바꾸는 물

실험 동기	얼마 전 엄마가 물을 끓이는 주전자에서 수증기가 올라오는 것을 봤어요. 수증기의 정체는 바로, '물'이겠죠? 물은 정말 신기한 것 같아요. 어떨 때는 액체였다가 어떨 때는 기체가 되기도 하고 또 딱딱한 고체가 되기도 하잖아요. 변신의 귀재, 물에 대해 더 자세히 알아볼까요?

준비하기

① '실험 1'에 필요한 준비물 – 투명한 주전자(물이 변하는 과정을 볼 수 있어요.), 유리 막대

② '실험 2'에 필요한 준비물 – 유리컵, 유리컵보다 더 큰 유리 그릇, 소금

③ '실험 3'에 필요한 준비물 – 종이컵

실험의 과정과 결과

실험하기 1

〈가설 세우기〉

물은 가열하면 모습이 변할 것입니다.

〈실험을 통해 가설 검증하기〉

① 주전자에 물을 넣고 열을 가합니다.

② 물이 끓기 전에는 온도가 올라가면서 주전자 바닥에 작은 기포가 생기기 시작합니다.

③ 물이 끓기 시작하면 기포가 주전자의 바닥에서 많이 생기면서 물 표면으로 올라옵니다.

④ 물이 끓으면서 수증기가 나옵니다.

⑤ 물이 끓을 때, 주전자 주둥이, 수증기가 나오는 곳에 유리 막대를 가져다 대면 물방울이 생깁니다.

〈실험 결과 & 가설 입증〉

유리 막대에 생긴 물방울은 물이 끓어서 생긴 수증기가 유리 막대에 붙은 후, 식어서 된 것임을 알 수 있었습니다. 즉, 액체인 물에 열을 가하면 눈에 보이지는 않지만 기체인 수증기로 변하게 됩니다.

실험하기 2

〈가설 세우기〉

물의 온도를 낮추면 모습이 변할 것입니다.

〈실험을 통해 가설 검증하기〉

① 유리컵에 물을 1/3정도 넣습니다.

주의! 이때 물을 가득 채우면 안 됩니다.

② 작은 얼음 조각과 소금을 유리컵보다 더 큰 유리 그릇에 넣고 잘 섞습니다.

③ 유리 그릇에 물을 넣은 유리컵을 세워 놓습니다.

④ 시간이 지날수록 물의 온도가 내려갑니다.

⑤ 처음에는 유리컵 겉표면부터 얼기 시작하고, 나중에는 가운데 부분까지 얼었습니다.

〈실험 결과 & 가설 입증〉

유리컵 속의 물은 온도가 계속 내려가면서 딱딱하게 얼었습니다. 이렇게 액체인 물이 온도가 낮아지면 고체인 얼음으로 변하는데 이것을 '얼음'이라고 합니다. 실험을 통해 물은 0℃에서 얼기 시작한다는 것을 알 수 있었습니다.

실험의 과정과 결과

실험하기 3

〈가설 세우기〉

액체인 물은 고체로 변하면서 부피가 달라진다.

〈실험을 통해 가설 검증하기〉

① 종이컵에 물을 넣은 후, 처음 물의 높이를 표시합니다.

② 물이 담긴 종이컵을 냉동실에 넣어둡니다.

③ 물이 얼 때까지 기다린 후 종이컵을 꺼냅니다.

④ 종이컵 속의 얼고 난 후의 부피를 얼기 전에 미리 표시해 놓은 눈금과 비교해 봅니다.

〈실험 결과 & 가설 입증〉

실험 결과 물은 액체 상태에 있을 때보다 고체로 변했을 때 부피가 커지는 것을 알 수 있었습니다. 물을 가득 채운 유리병을 냉동실에 넣어 얼렸더니 병이 깨졌던 적이 있었는데 바로 이 때문이었습니다.

추운 겨울에 수도관이 터지거나 겨울날 물을 가득 담아 두었던 장독이 깨지는 경우도 바로 물이 얼면서 부피가 커졌기 때문입니다.

〈실험 결과 생활에 적용하기〉

실험에서 봤듯이 물은 얼면서 부피가 변합니다. 따라서 부피가 변하면서 생기는 피해를 막는 방법을 알아 두어야 합니다.

① 물을 가득 채운 유리병을 냉동실 안에 넣으면 유리병이 깨지게 되므로 유리병에 얼음을 얼릴 때는 가득 채우지 않습니다.

② 추운 겨울날 수도관이 터지는 것을 막기 위해 수도꼭지를 살짝 틀어 물이 조금씩 흐르게 합니다.

③ 물을 가득 담아둔 장독은 겨울에 깨지기 쉬우므로 물을 조금 덜어냅니다.

우리 생활에 꼭 필요한 물! 아껴 쓰는 방법이 무엇이 있는지 알아봤습니다.

1. 새는 물의 양 조사하기
① 물방울이 떨어지는 수도꼭지 아래에 병을 놓아둡니다.
② 한 시간이 지난 후, 병속 물의 부피를 측정합니다.
③ 이렇게 측정한 양에 하루 시간인 24를 곱합니다.
　→ 계산하여 나온 숫자가 바로 하루에 낭비되는 물의 양입니다.
④ 하루에 낭비되는 물의 양에 356를 곱합니다.
　→ 1년에 낭비되는 물의 양입니다.

더 알고
싶은 점

2. 생활 속에서 물을 절약하는 방법
〈욕실에서〉
① 양치질을 할 때는 물을 틀어 놓지 말고, 컵에 물을 받아서 사용합니다.
② 세수할 때는 세면대에 물을 받아서 합니다.
③ 샤워할 때, 비누칠하는 동안 수도꼭지를 잠그고 해야 합니다.

〈주방에서〉
① 설거지를 할 때는 싱크대에 물을 받아서 합니다.
② 그릇에 기름기가 묻었을 경우, 묻은 기름기는 휴지로 깨끗이 닦아낸 다음
　설거지를 합니다.

〈기타〉
① 빨래를 할 때는 빨랫감을 모아서 한꺼번에 세탁기를 돌립니다.
② 세차할 때는 호스를 사용하기 보다는 양동이에 물을 받아서 합니다.

물의 여행
관찰&실험 보고서

관련교과 **4-1** **4. 모습을 바꾸는 물**

물은 어디에서 왔다가
어디로 가는 걸까? – 물의 여행

관찰& 실험 동기	하늘에는 아무리 봐도 물이 없는데 비는 어떻게 내리는 걸까요? 물이 하늘로 솟았다가 땅으로 쏟아지는 것도 아니고……. 실험을 통해 물의 여행길을 알아보고, 비가 오는 원리에 대해 알아봤습니다.
관찰& 실험 목적	① 물이 수증기가 되어 하늘로 올라갔다가 비가 되어 땅으로 되돌아오는 물의 여행 과정을 알아봅니다. ② 비가 내리는 날의 구름에 대하여 알아봅니다. ③ 실험을 통해 빗방울이 생기는 과정을 알아보고, 실제 비가 내리는 과정에 대해 알아봅니다.
관찰& 실험 과정	**준비하기** 유리컵, 알루미늄 접시, 얼음 **관찰하기** (1) 비가 내리는 날의 구름에 대해 관찰해봤습니다. ① 구름의 색이 회색이나 검은색이 많았습니다. ② 구름이 하늘을 거의 다 덮고 있었습니다. ③ 비가 오는 날은 하늘이 매우 흐렸습니다.

(2) 수증기가 비가 되어 내리는 과정

땅 위의 물은 햇빛을 받아 공기 중으로 증발합니다.

▼

증발한 수증기는 높은 하늘에서 차가워집니다.

▼

차가워진 수증기는 물방울이 됩니다.

▼

점점 커진 물방울은 비가 되어 땅으로 내려옵니다.

**관찰&
실험 과정**

실험하기 – 빗방울이 생기는 실험

① 유리컵에 따뜻한 물을 따른 후 4분의 1만 남깁니다.

② 유리컵 위에 알루미늄 접시를 놓고 그 위에 얼음을 올려놓습니다.

③ 유리컵 안을 관찰합니다.

④ 수증기가 증발하여 유리컵 안이 뿌옇습니다.

⑤ 유리컵 벽에 물방울이 맺히기도 하고, 점점 커져서 흘러내리기도 합니다.

⑥ 알루미늄 접시 바닥에도 물방울이 맺혀 있었습니다.

→ 유리컵 안의 현상과 비가 내리는 원리는 똑같습니다. 유리컵 안에 있던 물방울은 점점 커져 뚝뚝 떨어지거나 흘러내립니다. 구름이 비가 되어 떨어지는 원리도 이와 같습니다. 구름은 많은 물방울로 되어 있는데, 이것이 모여 커지면 무거워져 땅으로 떨어집니다. 이것이 바로 비입니다.

**관찰&
실험 정리**

비 오는 날 구름은 매우 어두운 색을 하고 있습니다. 어두운 구름이 많으면 비가 내리는 것입니다. 구름은 수많은 작은 수증기로 되어 있습니다. 구름 속에 있는 작은 수증기가 모여 물방울이 되어 떨어지는 것이 바로 비입니다.

네가 꼭 필요해
관찰 일기

곤충과 꽃

관찰 동기	최근 벌이 사라져 꽃이 시들어 버리는 만화 영화를 본 적이 있습니다. 또 뉴스에서 벌이 사라져 위기에 놓여 있다는 소식을 접하기도 했어요. 곤충과 꽃, 그리고 우리 삶과 과연 어떤 관계가 있는 것일까요? 또한 꿀벌이 사라지면 우리 생활은 어떻게 변할까요? 여러 가지 궁금증을 해결하기 위해 곤충과 꽃의 관계에 대해 관찰을 해 보았습니다.
관찰 목적	① 벌과 나비가 꽃 주위로 모여드는 이유를 알아봅니다. ② 꽃과 곤충은 어떤 도움을 주고받는지 알아봅니다. ③ 수분이 된 후에는 꽃에는 어떤 변화가 생기는지 알아봅니다. ④ 수분이 우리 생활에 끼치는 영향을 알아봅니다.
관찰& 실험 과정	**관찰하기 1** 벌과 나비가 꽃 주위로 모여드는 이유를 알아보기 위해 벌과 나비가 많이 모여 있는 꽃을 관찰해 보았습니다. 〈곤충이 모여드는 꽃의 특징〉 ① 꿀이 있는 꿀샘이 있습니다. ② 꽃잎의 색깔이 화려합니다. ③ 꽃향기가 진합니다.

<관찰 결과>

벌과 나비가 꽃 주위로 모여드는 이유는 꿀이 있고, 숨거나 쉴 수 있기 때문입니다.

관찰하기 2

곤충은 꽃을 위해, 또 꽃은 곤충을 위해 어떤 일을 하는지 알아봤습니다.

<곤충이 꽃에서 하는 일>

① 꽃 주위에서 날아다니던 벌과 나비는 꽃에 앉은 후 꽃 속으로 들어가 꿀을 빨아 먹었습니다.

② 꿀을 다 먹은 곤충은 다른 꽃을 찾아갔습니다.

관찰&
실험 과정

<관찰 결과>

① 꽃은 곤충에게 쉴 곳과 꿀을 제공합니다.

② 곤충은 꽃을 위해 꽃가루를 옮겨줍니다.

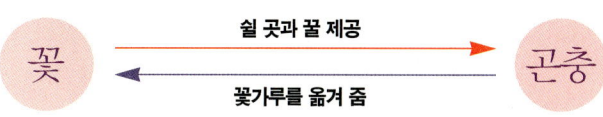

(1) 곤충이 꽃의 꽃가루를 옮겨 주는 것을 꽃의 수분 작용이라고 합니다. 꽃의 수분 작용에 대해 더 자세히 알아봤습니다.

더 알고
싶은 점 1

<꽃의 수분 과정>

곤충이 옮긴 꽃가루가 암술 끝에 묻습니다.

▼

꽃가루관이 자랍니다.

▼

꽃가루관이 밑씨에 오면 씨방이 커져서 열매가 됩니다.

더 알고 싶은 점 1	(2) 수분이 이루어진 후 꽃에는 어떤 변화가 생기는지 관찰했습니다. 수분이 이루어진 후에는 꽃잎과 암술, 수술이 모두 시들었습니다. 그리고 암술에서 열매나 씨가 맺힙니다. (3) 곤충을 통한 수분 방법을 제외한 여러 가지 수분 방법에 대해 조사해 보았습니다. ① 소나무는 바람을 통해 수분이 되는 풍매화입니다. ② 나사말은 물을 통해 수분이 되는 수매화입니다. ③ 동백꽃은 동박새를 통해 수분이 되는 조매화입니다. ④ 이밖에도 사람을 통해 인공 수분이 되는 식물도 있습니다.
더 알고 싶은 점 2	**꿀벌이 사라지는 원인은 무엇일까?** 최근 꿀벌이 사라지고 있습니다. 그 이유는 바로 이상기온 때문입니다. 환경 전문가는 꿀벌이 줄어든 가장 큰 이유를 아카시아 나무 수의 감소를 듭니다. 아카시아 나무는 벌이 가장 많은 꿀을 차지하는 나무입니다. 그런데 이 아카시아 나무는 지구 온난화에 약하다고 합니다. 기후변화로 우리나라의 기온이 올라가면서 아카시아 나무가 살아가는 면적은 최근 20년 사이 절반 이하로 줄어들었습니다. 최근 우리나라가 아열대 기후로 변하고 있다는 소식을 들은 적이 있습니다. 그래서 아열대성 식물이 크게 늘고 있는데 아열대성 식물에서는 꿀이 나지 않습니다. 따라서 이런 식물들은 꿀벌에게 아무 도움도 되지 않습니다. **꿀벌이 사라지면 우리 삶에 어떤 변화가 생길까?** 꿀벌이 사라지면 꿀이 너무 비싸 먹기 힘들게 될 것입니다. 하지만 이 문제는 큰 문제가 아닙니다. 더욱 중요한 것은 꿀벌의 감소가 식물 생태계 전반에 막대한 영향을 미친다는 것입니다. 아인슈타인은 '꿀벌이 사라지면 인류는 4년 밖에 더 살지 못할 것'이라고 예언했다고 합니다. 지구에 존재하는 식물 중 3분의 1은 곤충이 꽃가루를 옮기는 충매화입니다. 또한 충매화의 80%는 꿀벌에 의존하고 있습니다.

관찰 정리	(1) 곤충이 꽃에 모여드는 이유 　① 꽃의 꿀샘에 있는 꿀을 먹기 위해 모여듭니다. 　② 꽃잎에서 쉴 수 있기 때문입니다. 　③ 꽃 속에 숨을 수 있기 때문입니다. (2) *수분이란? 수술의 꽃가루가 암술의 머리 위에 닿아 씨가 맺히도록 하는 것을 말합니다. 이때 곤충의 역할이 매우 중요합니다. (3) 여러 가지 수분 방법 　① 충매화 : 곤충에 의해 수분이 되는 식물 　② 풍매화 : 바람에 의해 수분이 되는 식물 　③ 수매화 : 물에 의해 수분이 되는 식물 　④ 조매화 : 새에 의해 수분이 되는 식물 　⑤ 인공 수분 : 사람이 수분을 하는 것
느낀 점	꽃과 곤충이 서로 돕고 사는 모습을 보니 마음이 따뜻해지는 것 같았습니다. 사람들도 꽃과 곤충처럼 서로 도우며 아름다운 사회를 만들었으면 좋겠습니다.  또한 우리 주변에서 흔히 볼 수 있었던 꿀벌이 이렇게 생태계에 중요한 역할을 하고 있었습니다. 앞으로 기후변화에 더 많은 관심을 가져 사라지는 꿀벌을 보호해야겠다는 다짐을 했습니다.

* 수분 : 꽃가루가 옮겨 붙는 일을 '수분' 이라고 해요. 바람, 곤충, 새 또는 사람의 손에 의해 이루어지지요.

보고서에 활용하기~

곤충의 한살이, 우리 주변의 작은 생물들

곤충의 한살이 : 완전 변태 곤충(호랑나비)

알 → 애벌레 → 어른 애벌레 → 번데기 → 성충(호랑나비)

곤충의 한살이 : 불완전 변태 곤충(매미)

알 　　　　　　　 애벌레 　　　　　　 성충(매미)

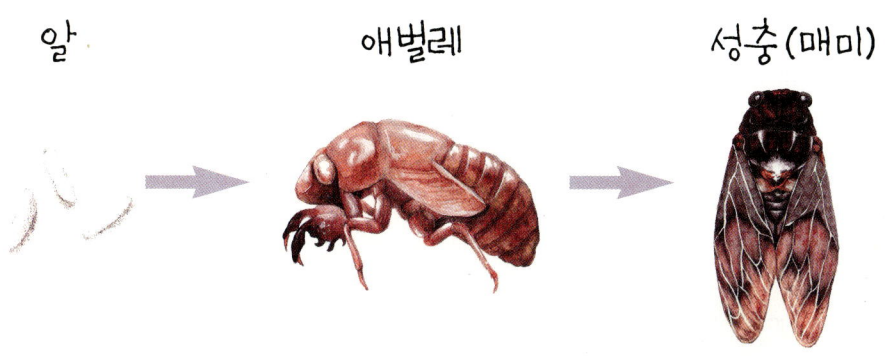

땅속에 사는 작은 동물

우산이끼

지렁이

개미

곤충의 소리 내기

비행할 때 날개로 소리 내는 곤충

(벌, 모기)

 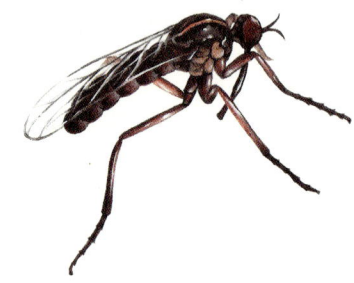

얇은 막에 부착된 근육의 수축활동으로 막이 떨리며 내는

소리 내는 곤충

(분홍다리 노린재, 나방)

몸의 단단한 부위끼리 마찰시켜 소리 내는 곤충

(딱정벌레, 귀뚜라미, 메뚜기)